漢字を飼い慣らす

日本語の文字の成立史

犬飼 隆

人文書館
Liberal Arts
Publishing House

カバー写真
飛鳥池遺跡出土木簡
（奈良文化財研究所提供）

漢字を飼い慣らす

日本語の文字の成立史

はしがき

漢字を「飼い慣らす」とは本書の筆者が考えた言い回しではない。故河野六郎先生が講義中に頻用されたものを拝借している。東京教育大学文学部と同大学院文学研究科の言語学専攻の科目として開講された漢字音研究と文字論において、河野先生は「漢字をアドプトする」「一種の飼い慣らしが行われた」という言い回しを好んで用いられた。

ここで言う「飼い慣らす」は英語 adopt の翻訳である。adopt には選んで採用するという意味合いがあるが、古代の日本語は漢字を輸入する以外に選択の余地がなかった。しかしまた adopt には家族や団体の一員として引き取るという意味合いがある。先生は、この意味合いに「飼い慣らす」をあてて表現された。漢字という外国語の文字を輸入して日本語に適用し、日本語を書きあらわすための文字につくりかえた経緯をさしてである。本書の筆者は平仮名の成立事情に興味をもって研究を志していたが、御講筵の末席に連なって、その研究の課題は「漢字が日本語に飼い慣らされた経緯の解明」であると認識できた。それから三十数年、解明にわずかなりと近付いたところを述べたのが本書である。僭越ながら表題とさせていただいた次第である。

副題の「日本語の文字」は漢字と仮名の両方をさしている。日本語特有の文字は仮名であるが、その出自は漢字を「飼い慣らした」末の「品種改良」であった。漢字も、字の形はそのままに、訓よみを与えられて日本語の文字になった。音よみも今では日本語の発音の一つになっていると言って良い。この考え方により、以下に述べようとするのは、仮名ができるまでではなく、漢字と仮名で日本語の語や文を書きあらわす方法が開発された経緯である。

全十章のうち、第一章と第十章が趣旨の首尾をなして対応している。第三〜六章は漢字が日本語に適用された経緯を項目に分けて概説している。第七〜九章は漢字の「飼い慣らし」がいかにすすめられたかを具体的な文字資料に即して詳しく述べている。第七章は漢字と日本語との接触、第八章は漢字で日本語を書きあらわそうとした古代の知識人たちの苦心、第九章は万葉仮名から仮名への「品種改良」がテーマである。なお、補説として資料と研究方法の問題を総括的に述べた。

目次

はしがき

第一章　日本語の文字体系と書記方法の個性　1
「飼い慣らし」と「品種改良」　日本語の文字と書記方法の個性
漢字と仮名（カナ）の使い分け　字の成立と文字の成立
外国語との境目にある片仮名

第二章　日本語には固有の文字がなかった　15
日本語に文字があったか　国語と母語　早期の漢字資料
日本語に固有の文字？　としての神代文字

第三章　古典中国語の文字を借りて日本のことがらを書く　27
呪術的シンボルから行政の道具へ　中国語の文字を使って日本語を書く
漢字をいかに日本語に取り込むか　日本語にとけ込んだ漢語
「国字」という飼い慣らし

第四章　訓よみ――漢字に日本語をあてて読み書きする　37
多対多の関係で結びつく漢字と訓　漢語と日本語の融合
漢字の意味と異なる訓よみ　漢字による鋳直し

第五章　音よみ──古代中国語を日本語のなまりで発音する　43
開音節化と漢字のよみ　中国語との発音の仕組みの差異
音よみの三層　読めなかった「高麗」の文書
漢音の普及、唐音の輸入　大衆化した漢字

第六章　万葉仮名──漢字で日本語の発音を書きあらわす　57
「仮借」から固有の文字へ　借音仮名　借訓仮名

第七章　漢字と日本語との接触──八世紀の兄弟姉妹概念と語彙　65
七の1　「兄・姉・弟・妹」字と古代日本語とのくいちがい
「いも」「せ」は年齢の上下にかかわらなかった
「あね」は特別な語、「あに」はなかった　日本戸籍の独自性
七の2　大宝二年度美濃国戸籍の「兄・弟・妹」
七の3　大宝二年度九州三戸籍の「兄・弟・娣・妹・姉」
「娣」は姉妹のうちの「おと」　「姉」は「女かつ年上」
七の4　養老五年度下総国戸籍の「兄・弟・娣・妹・姉」
「姉」の用法の錯綜
七の5　計帳の「兄・弟・妹・姉」と奴婢籍帳の「妹」
「姉」「妹」で年齢を区別しはじめる　「妹」は夫ではなく兄弟
七の6　兄弟姉妹関係の表示と日本語の語彙
兄弟姉妹関係の用字の変遷と語彙

「女かつ年上」の座標に二つの語

七の7　「飼い慣らし」と「鋳直し」がもたらした史的変化

「あね」の参入が語彙の構造を変えた　「あね」の語源

「あね」は女系の長か　鋳直された兄弟姉妹語彙

第八章　漢字で日本語の文を書きあらわす——古事記の選録者たちの工夫　107

八の1　「已に訓に因りて述べたるは、詞、心に逮ばず」

八の1の1　接頭辞「いろ」を万葉仮名と訓よみとで表記した意図

同母なら「いろ」を読み添えるべきか？否

同じ語を表記の違いで区別している

八の1の2　「伊呂」「同母」の表示は文脈読解のための注であった

権勢上で協同する兄弟姉妹

「同母」は通常の同母関係の表示

必要な位置に必要な情報の表示

八の1の3　接頭辞「いろ」の原義と「伊呂」と表記すること

日本書紀は姿勢が違う　親族の絆が原義

八の2　「全く音を以て連ねたるは、事の趣、更に長し」

八の2の1　万葉仮名の字体の変異による句読法

同一声符字と特異字体　歌謡七番の句読の仕組み

八の2の2　踊り字による連続表示機能の統制的な使用

句中で意味上続けば踊り字をあてる

意味上で続けば句頭でも踊り字をあてる
八の2の3　歌謡の前後に改行が施されていた可能性
諸写本に残る改行の痕跡　文脈の切れ目を表示する伝統
八の2の4　歌謡に施された句読のための仕組み
漢字仮名交じりの先駆け
変体仮名の使いわけから句読点へ

第九章　日常業務と教養層の漢字使用――平仮名・片仮名の源流

九の1　万葉仮名と仮名との連続・不連続
古い層の万葉仮名が仮名につながる
日常業務用の万葉仮名が仮名の源流
九の2　漢字本来の機能からの離れ、濁音表示のゆるみ
平仮名・片仮名は濁音専用の字体をもたない
九の3　八世紀の万葉仮名資料の実態調査
清濁認定手続きの難しさ
九の4　八世紀の万葉仮名の全体像
使用字体の違いを数量化する　漢字離れと清濁表示の相関
公文書類の表記が属する層
九の5　万葉仮名から仮名へ――「価値ある忘却」
七世紀には漢字の普及がすすんでいた

第十章　仮名で日本語の文を書きあらわすには？　195
万葉仮名で書かれた散文　万葉仮名の字体の変異のもつ機能
漢文の様式と日本語の中味　万葉仮名連鎖上の句読法
平仮名による文表記へ

補説　古代の漢字資料としての出土物　209
1　**写本と現物と**
記紀万葉は写本上に存在する
一次資料としての正倉院文書と金石文
出土物は一次資料である
2　**文字資料、言語資料としての性格**
日常語の反映　平安時代語との連続面
3　**出土資料の取り扱い方と学際の必要性**
出土物の本文釈読そのものが解釈である
歴史学・考古学との学際から得られるもの
4　**朝鮮半島の出土物との比較・対照から見えてくるもの**
文法が似ていて音韻構造が異なる隣国語
固有語を表記するときの音節末尾子音の処理　送り仮名の源流

付録　紫香楽宮跡　万葉歌の木簡発見　235
和歌の歴史変える「教材」
一字一音式　「癒しのうた」

あとがき　240

第一章　日本語の文字体系と書記方法の個性

「飼い慣らし」と「品種改良」

日本語は漢字と仮名を交えて書く。しかも、漢字に音と訓と二つのよみがあり、仮名に平仮名と片仮名がある。私たちはこれら複数の文字を苦もなく使いこなし、複雑な書記方法で日本語を書きあらわしている。この世界に類をみない特徴は、漢字を「飼い慣らした」ことから生じたものである。中国語の文字であった漢字は、「飼い慣らされて」訓よみを与えられ日本語の文字になった。一方、万葉仮名として日本語の発音を書きあらわす用法に使われるうちに「飼い慣らし」から「品種改良」にすすんで仮名に遷移した。訓よみを体系的にもつ（日本）漢字も、日本語の表音文字である仮名も、いずれも（中国）漢字の後裔であるから、一つの文字連鎖に同居して何の不自然さも感じさせない。しかも、文字連鎖のなかではたす機能がそれぞれに異なる。これが日本語の文字と書記方法の個性的な特徴である。

現代日本語の書記方法は漢字仮名交じりが基本である。この方法は非常に効率的である。単語の頭に漢字をあてて、語のはじまりと語の意味とをあらわし、その後に仮名で活用語尾や助詞・助動詞を書いて、どのようによむ語であるかを確定する。文字の列を目で追っていくと、大小大小の繰り返しがおのずと言語単位の切れ・続きになる。この効果は、すでに八世紀には気付かれていた。実例はこの章の末尾に示す。その源流はさらに七世紀に遡る。漢字で書かれた日本語の文のなかに、漢字の訓でよむところと漢字の音を借りて表音的に日本語の発音を書いた部分とを交える書き方が普通に行われていた。これをもとに試行錯誤を経て、語頭の漢字が名詞や動詞の語幹をあらわし、文節末の助詞や活用語尾などを仮名があらわす方法が確立したのである。現代日本語にはそれが適合して読みやすい。

日本語の文字と書記方法の個性

近年はローマ字を交えて書くことも多い。しかし、漢字と仮名に比べて文字連鎖のなかに同居すると違和感が大きい。本書の文章も必要があってところどころローマ字を交じえているので実感できるであろう。ローマ字は、漢字と仮名が日本語の文字として確立してから数百年のちに輸入されたので、なじまない。漢字と仮名との間にある血のつながりがローマ字にはないのである。文章の横書きが増えてきて日本語にとけ込みつつあるが、まだまだ当分の間、あえて違和感を生かした表記に使われるであろう。外国語であることを示したり、日本語を外国向けに書きあらわしたりする場合である。

具体例をみてみよう。次の文章は、ある音楽情報雑誌（長沢英夫「ネットワークオーディオ最前線」『CD Journal』音楽出版社2007 August）からの引用である。●の位置に原文ではローマ字で製品名が書かれている。

●や携帯プレーヤーを音楽ソースとオーディオ機器に接続、本格的なスピーカーで楽しんでいる人が増えていると聞いた。以前なら、お気に入りのCDをバッグに詰め込んでいたオーディオ好きの友人宅での集まりも、最近では、各自がポケットから携帯音楽プレーヤーを取り出すという光景に変わってきた。

ここには何種類の文字が使われているだろう。漢字、平仮名、片仮名、ローマ字に加えて、この後に出てくる「4千円」のアラビア数字「4」を別に数えるなら五種類になる。この方面の文章には片仮名とローマ字がとくに多く使われる傾向があるにしても、決してめずらしい例ではない。日本語の文章は数種類の文字を同時に使うのが普通の状態である。世界中で、これほど多数の種類の文字を同時に使って自らの国語を書きあらわしている言語は他にないだろう。先に漢字仮名交じりがよみやすいと述べたが、それは日本語をふだん読み書きしている人にとってのことであり、外国人からみれば複雑怪奇である。とくに同じ漢字を音よみと訓よみとによみわけることは日本語に相当熟達した人にも容易でない。苦もなくよみわけられるのは日本語の教育を子どもの頃から受けた結果で、外国語として日本語を学ぶ人にとっては、音よみと訓よみの区別、そしてしばしば出てくる二つ以上の音よみの区別を学ぶことは難行苦行である。

ヨーロッパでは、たとえば英語で書いた文章の中にフランス語やスペイン語をまじえて書くとしても、書きあらわすために使う文字はローマ字一種類である。外国語や、造語など特別な語であることが目で見てわかるようにするときにも、単語全体を大文字にしたりイタリック体にしたりかっこに入れたりするのがせいぜいである。参考として本書の筆者が専門誌に掲載した論文の英文要旨の一部を示す。見た目が単純であることを見ていただきたい。そして、この後の記述に何度も漢字の連鎖で日本のことがらを書いた文章を示すので、それらと見た目が本質的に似ていることを念頭に置いておかれるようにお願いしたい。

In recent decades, many wooden pieces have been unearthed from the ruins of ancient capital cities and goverment offices in all parts of the country. These, now, amount to several tens of thousands. On most of their surfaces, Chinese characters written in India ink are found. These characters are the documents of daily goverment affairs. Using them as linguistic data, we can interpret the whole of the 7~8th Century Japanese language more correctly. We should realize that KOJIKI, NIHON-SYOKI and MAN'YOUSYUU reflect only partial aspects of 8th Century

Japanese language.

中国語の普通話は、基本的にすべて漢字を使って書く。外国語も、たとえば「硅谷」（アメリカのＩＣ産業の集まっている地名）のように意味をとって漢語に翻訳するか、「保齢球」（球技のボーリング）のように漢字の音を使ってもとの語の発音に似せて書きあらわす。最近は外国語をもとのローマ字のつづりのままに漢字で書いた文章のなかに取り入れることもあるらしいが、まだ特別な場合に限られている。なお、中国語普通話に使われる簡体字のもとになった漢字の字体を繁体字と呼ぶ。近年は繁体字が復活して使われるようになっているが、看板や外国向けの名刺など特別な場合に限る。簡体字のなかの繁体字の使用は、ローマ字の大文字やイタリック体などと同様に考えてよかろう。

韓国では、国語に用いる文字はハングル専用に定められているが、実際の文章にはさまざまな理由で漢字やローマ字をまじえて使うことがあり、一見、日本語と似たところがある。ＣＤは韓国でも「ＣＤ」である。このような、外来の物や新しく作り出されたものを原語かその省略したつづりのままに取り入れるところは日本語と同じだが、これは韓国と日本の特徴とは言えない。欧米や中国で行っている方法も同じだからである。しかし、韓国語の文章は、漢字を使うとき、日本語と大きな違いがある。韓国語で漢字を使って書けば、その語は必ず一つの音よみでよむ。日本の漢字のように、ほとんどの字に音よみと訓よみとがあり、それもしばしば一字に複数の音よみと訓よみが定められているようなことはない。実は、後の章に述べるように古代には漢字に固有語をあててよむ方法が存在したのだが、中世にハングルが発明されたのと入れ替わるようにしてなくなってしまった。

先の引用文に即して、日本語の書きあらわし方がどのようになっているか、詳しくみてみよう。まず、漢字の使い方は、同じ「楽」という字が「音楽」では音よみになり「楽しんで」では訓よみになっている。この他に「楽をする」のように別の音よみもある。「楽しんでいる人」の「人」は訓よみし「友人」では音よみする。「人」にはこの他に「代理人」のように別の音よみもある。音よみが二つある理由は、漢字の音よみがもともと古代中国の漢字の発音を日本語風になまったものだからである。「楽」の場合は、中国で音楽とそこから生じる感情とを、類似するが異なる発音で言いあらわしていたのを、日本では別の語の音よみとして受け取った。この場合は日本の二つの音よみの起源が中国にもともとあったのであるが、この類はむしろ少ない。「人」の場合は中国で発音が歴史的に変化したのを、日本で別の音よみとして受け入れた。後の章で述べる漢音と呉音である。その後、日本で、人そのものをさすときと人の所属をさすときとで二つの音よみを使い分けるようになった。この「友人」と「代理人」もそうである。この類が非常に多い。上の引用文には例がないが、「行」という字には「修行」「行動」さらに「行灯」のように三つの音よみがあって単語ごとによみ方がきまっている。

次に片仮名の使い方をみてみよう。先の引用文に片仮名で書かれている語のうち「スピーカー」

はこれ以外の語で置き換えることができない。「ポケット」は「かくし」という和語があったが、今ではすたれた。これらは日本語の語彙のなかで外来語として排他的に定着しているものである。スピーカーにあたる漢語で今でも使われることのある「拡声器」は、speaker の意味用法の一部分にしかあたらない。おそらく、ぴったりするのは loudspeaker であろう。「ポケット」は、英語の pocket の意味のうちのごく一部分にあたる意味で使われるが、洋服関係の語彙として、この意味で日本語に定着している。これらの語が片仮名で書かれるのは、そのものや概念が新しく日本の社会と日本語に参入したからである。こうした単語は、外国人にとっても、片仮名で書く日本語の語彙として習得するものである。「インターネット」も同じと考えて良いだろう。日本に導入されはじめた頃に、たとえば「世界電子網」のように漢語に訳することもできただろうが、その選択肢はとられなかった。

先の引用文に片仮名で書かれている語のうち、「プレーヤー」「ソース」「オーディオ」は漢語や和語で置き換えることもできる。たとえば「再生装置」または「演奏装置」、「音源」、「音響」のように。外来語で言いあらわしているのは、いわゆる業界風の語り口の文章だからであろう。英語の player には、言うまでもなく、競技者の意味もある。「ソース」は、英語の source の意味の一部分を、音響や音声を扱う業界では、この定義で使う。「オーディオ」は audio のもとの意味から少しずれて音の良さを楽しむ趣味のような意味合いになっている。別の方面の文章、たとえば百科事典の説明であれば、「ソース」や「オーディオ」はこの意味では使われず、この意味内容は漢語を使って言いあらわされるであろう。

ところで、先の引用文の冒頭の●にあたるところに書かれている製品名は、原文ではもとのローマ字つづりである。外来の事物をそのまま自国語の文章に取り入れた例であり、世界中で行われている現象である。この引用文は原文が横書きなのでローマ字のままで書かれている。そのため、外国のものであると明瞭にわかる。しかし、縦書きなどの事情で外来の事物を片仮名で書くこともある。あるいは、口頭で発音すれば、日本語風になまっていわゆるカタカナ発音になる。すると、その方面の知識をもたない人には何のことかわからなくなる。固有名詞なら意味がわからないままカタカナ語として定着する。この類は業界用語にしばしばみられることである。一部の知識人が使う英語起源の専門用語は、その人たちだけで固まって行動する態度の象徴になっている。原語のつづりや発音で示してくれればまだしも理解できるが、片仮名で書いて日本語なまりで発音するので、わかる人にしかわからない。近年、政府も一般になれていない外国語の政治経済用語を使うのをいましめているが、実際にはなかなか守られていない。

漢字と仮名（カナ）の使い分け

ここまでに長々と解説した目的は、語彙についてのうんちくの披露ではない。このように、漢字と平仮名と片仮名とローマ字をまじえて使うだけでなく、それぞれの文字にそれぞれの機能が割り当てられていて、書くときにも読むときにも、その機能を誰もが承知しているのが日本語の文章の書き方の特徴である。誰もが承知しているわけは学習効果である。たとえば「楽しんで」「増えて」のような動詞や形容詞の類は、活用の規則と送り仮名の規則を学ぶことによってどう書けば良いかがわかる。これは学校教育の成果である。「バッグ」の場合は、「かばん」などと、どのような性格の文脈に使い分けるべきか、同じ入れ物の類であっても実際にさしている物にどのような違いがあるか、社会的な経験の蓄積によって区別がわかる。このような学習を知らず知らずのうちに積み重ねて、私たちは数種類の文字を使い分けている。

もちろん使い分けがうまくできないときもある。固有名詞には、たとえば「新谷」を「しんたに」でなく「あらや」とよむような錯誤が常に生ずる。これは、個別的な問題である。生活の変化が漢字のよみ方を変え、すぐには対応できない場合もある。たとえば文部省が文部科学省に改編されたとき、その略称をブンカショウと発音したNHKのアナウンサーがいた。文部省だったときはその担当大臣の略称「文相」をモンショウでなくブンショウと発音したから、必ずしも誤りとは言えない。すぐに時間が解決してモンカショウが定着したが、要するに、新しい語ができたときにそれを漢字で書いてどうよむかは、その都度決まるのである。

このような漢字と仮名それぞれの複雑な使い分けは、歴史的な事情から生じたものであり、日本語の文字の宿命的な性格である。日本語はもともと文字をもたなかったので、外国語である中国語の文字、すなわち漢字を取り入れて、日本語に合うように「飼い慣らした」。その結果、他の言語と比べて非常に個性的な書記体系ができあがったのである。五世紀以来、古典中国語が輸入されたとき、漢語として取り入れるか、それとも日本語に翻訳して取り入れるかが、常に選択にさらされた。日本語に取り入れられた漢字は、外来語として音よみする漢語になり、一方で、翻訳として訓よみを与えられた。漢字に訓よみがあたえられると、漢字の訓によって日本語を書くことが可能になる。それと並んで、漢字の音を借りて日本語の発音を表音表記で書く方法が古くから行われた。おそらく六世紀以降のことであろうが、日本語を漢字で書こうとするとき、漢字の訓よみで書くか、それとも表音表記で書くかが、常に選択にさらされるようになった。漢字の音よみを借りて日本語の発音を書きあらわしたところから、万葉仮名ができ、それをもとにして仮名ができた。仮名のうち平仮名が日本語の文章を書くための標準の文字となった。本書の趣旨は、この経緯を述べることである。

字の成立と文字の成立

ただし、字の成立は文字の成立と同じではない。文字とは語を書きあらわし文を書きあらわすものである。字を語や文に対応させて並べる方法ができたときが文字の成立である。平安時代に平仮名が成立したとき、ひとまずそれが達成された。本書は、漢字の日本列島への導入から、平仮名の成立前史までを述べる。平安時代以降は、平仮名で書かれる和文と漢字で書かれる漢文とが日本の文章の両輪になる。和文は日本語の文の基調となり、漢文は公文書や学術的な場で用いられる。また、平安時代末期以降、漢字と仮名を交えて書く文体が次第に発達し、明治時代から、仮名に漢字をまじえて書く和文が日本語の文章の標準になる。その歴史的経緯にも興味深い問題が数多く存在するが、本書では立ち入らない。

ところで、はじめに引用した音楽雑誌の文章に関する説明で平仮名には何もふれていないことに気付かれた読者があるかもしれない。とくに説明する必要がないのは、平仮名が日本語の文字のなかで標準の位置にあるからである。こころみに、この文章の末尾の「最近では」以下を和語に翻訳すると左のようになる。よみにくいが不可能ではない。

ちかごろは　おのおのが　きているものの　かくしから　もちはこびのできる　おとをだしてたのしむしかけを　とりだすという　ありさまに　かわってきた

このように、仮名だけで日本語の文章を書こうとすれば書けるのである。実際、平安時代のつくり物語や日記や和歌などはこれと本質的に同じ表記方法で書かれていた。平仮名の源をさかのぼると、漢字の表音価値を利用した万葉仮名で日本語の歌を書いた七世紀の木簡に行き着くことになる。韻文の語句をその発音がわかるように書き、行事の場に持参してうたったのである。

ただし、右の平仮名だけで書いた文には、分かち書きと濁点を施してあるが、左のように、それが禁じられてしまうと、よみにくさが格段に増大する。

ちかころはおのおのかきているもののかくしからもちはこひのてきるおとをたしてたのしむ
しかけをとりたすというありさまにかわってきた

万葉仮名で日本語の全文を書こうとしたとき、この難点を克服する必要があった。そのためにどのような工夫がこらされたかを、本書の第八章と第十章に詳しく述べる。その工夫を応用して散文が書けるようになったとき、平仮名が成立するための準備が整ったと言えるのである。

韻文をよむときは、韻律にそって、具体的には五七調で、よめば良いが、散文はそうはいかない。言語単位が文字の連鎖のどこからどこまでにあたるかを、目で見てわかるようにしなくてはならない。

外国語との境目にある片仮名

平仮名が日本語の文を書くための文字であるのに対して、片仮名は、その成立以来、漢字とともに使われて、漢字が日本語に取り入れられたころの古い姿を持ち続けている。はじめに引用した音楽関係の文章にみられる用法上の諸事実は、実は片仮名のその性格のあらわれである。外来語としてまだ定着していないが一部の方面でよく使われるようになった語を片仮名で書く。それがカタカナ語であるが、外国語と日本語との境目に使われる片仮名の性格をよく体現している。

また、たとえば、はじめに引用した文章の「はっきり」を片仮名で「ハッキリ」と書くこともあるだろう。そのときは、日本語の語を書きあらわす本来の目的から少し離れて、語の発音を書きあらわしたり、何か特別な感情をともなう文脈であることを表現したりする。以下、本書をよむと、この性格が七、八世紀の漢文や変体漢文のなかに使われた万葉仮名のそれを受け継いでいることがわかるはずである。

なお、この章のはじめに述べたとおり、漢字仮名交じりは日本語の表記として効率的である。ためしに右の平仮名だけで書いた文の単語の頭にいくつか漢字をあててみよう。句読点や分かち書きや濁点を禁じても格段によみやすくなる。

近ころは各おのか着ているもののかくしから持ちはこひのてきる音をたして楽しむしかけを取りたすという有りさまに変わってきた

この方法は、すでに八世紀には自然発生的に行われていた。左は、平城京東院跡から出土した

平城京東院跡出土の木簡（沖森卓也・佐藤信『上代木簡資料集成』おうふう、1994年）より

木簡に書かれている文字を現行の字体に直したものである。書かれている語句は歌の一部分で「貴女が玉であれば手に蒔いて持っていくのに」という恋情をうたっている。これを、漢字の訓でよむ部分は漢字に、漢字の表音価値を利用して日本語の発音を書いた部分は平仮名に改めると、「玉に有は手にまきもち而《て》」となる。現代の「玉に有らば手に蒔き持ちて」とほとんど同じである。

玉尓有波手尓麻伎母知而

漢字の訓よみが整備され、日本語の発音を書きあらわすために使う字がある程度固定すれば、このように書くのは自然の傾きであろう。この木簡は天平年間（七二九〜七四九）のものと推定されているが、それ以前に、漢字で日本語を書こうとこころみた人たちが、どのように考えていたか、そしてどのように解決しようとしたか、その問題も第七章で述べる。

第二章　日本語には固有の文字がなかった

日本語に文字があったか

もともと日本語には固有の文字がなかった。日本列島で最初に使われた文字は中国から輸入した漢字である。

図1　メキシコ先住民族の交通標識
（講座 言語　第5巻『世界の文字』大修館書店、1981年）より

古代の遺跡に書かれた図形を日本固有の文字だと主張する人もある。古墳の内部に描かれている図形や、洞窟の壁の文様を文字だという説が、ときどき出されて世間をにぎわせる。それらの図形が言語との対応関係を持っていた可能性は全くないとは言えない。およそ、文字の起源は、あることがらを描いた絵にはじまるからである。

図1に示したのは有名なメキシコ先住民族の交通標識である。この難所は山羊なら通れるが馬に乗った人は通れないことをあ

らわしている。これを見た人は、誰でも「山羊なら通れるが騎馬は無理」のようによむであろう。しかしこの絵は文字ではない。図形がこの特定の場面に密着しているからである。文字なら、ある図形とある語の発音とが恒常的な対応関係をもっていなくてはならない。どの場面に使われて

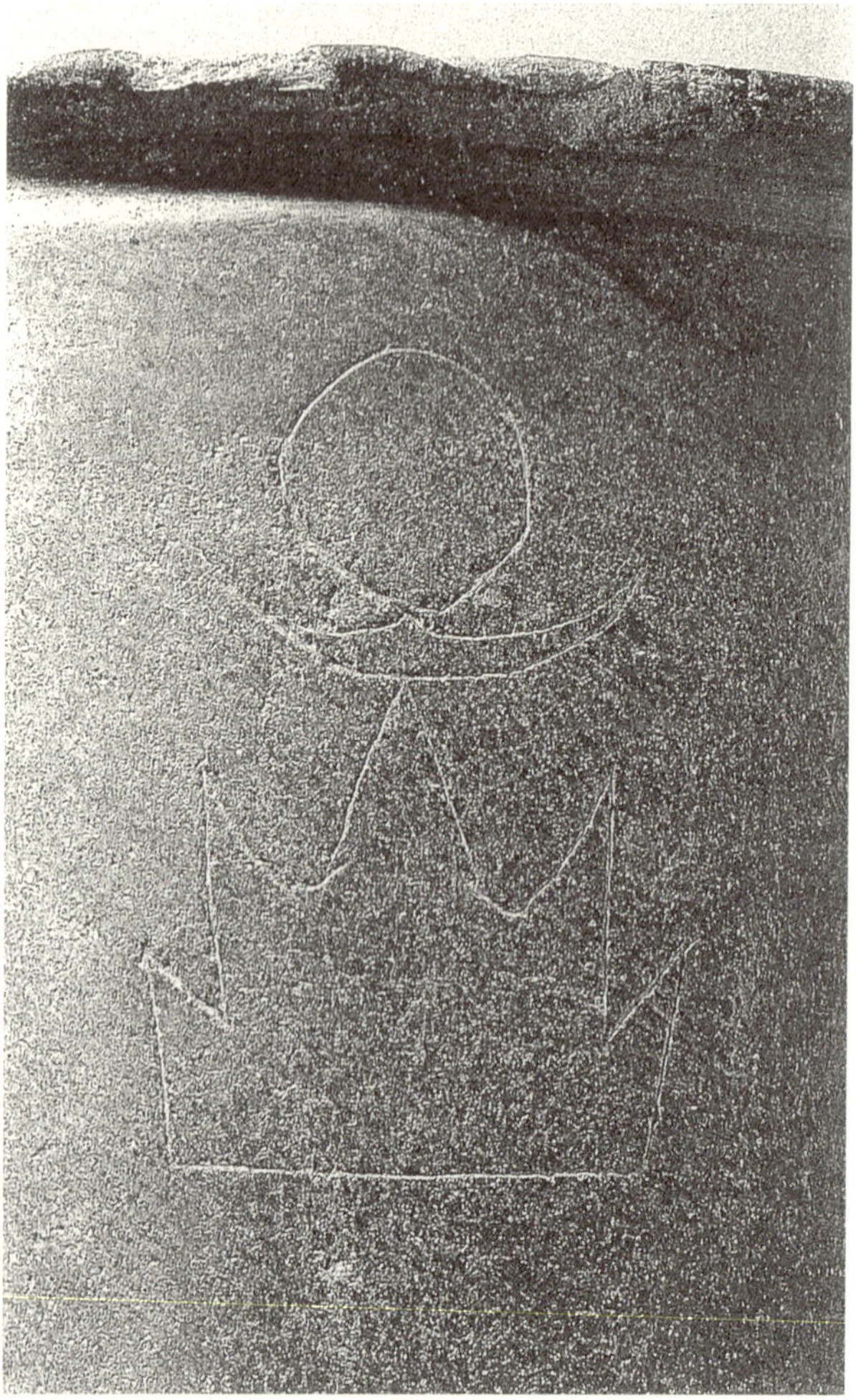

図2　中国・山東省陵陽河出土陶器に刻まれた模様
（阿辻哲治『図説 漢字の歴史』大修館書店、1989年）より

も特定の図形が特定の語をあらわすということである。

図2に示したのは古代中国の陶器に刻まれた模様である。山東省陵陽河から出土した新石器時代のものである。山から日が昇ることを描いて、祝いの意をあらわしている。この模様は絵か文字か。同じ模様を刻んだものが他の二カ所から計三点出土した由なので、あらわしている内容は、特定の場に密着したものでなく、ある程度の固定性をもっていたことになる。太陽の絵は漢字「日」の古い字体〈☉〉と形が似ているし、山の絵は同じく〈〉と一致する。この模様が全体として「山の上に太陽」の場面をあらわしているのなら、それぞれの図形は絵の一部である。もし「日」と「山」の組み合わせで、言いかえると〈〉が常に「日」という語をあらわし〈〉が常に「山」という語をあらわす約束がすでにできていたのなら、それぞれの図形は文字である。

約束が成立すると絵文字になる。たとえば古代エジプトのヒエログリフは、それぞれの字の形は絵そのものであるが、字と語との対応関係が決まっている。〈〉という字は目の絵そのままであるが、「目」という単語の意味と発音をあらわす約束になっていた。それだけでなく、当時の言語では「目」にあたる単語がjr-のように発音されたらしいが、同じ発音の「つくる」という動詞をあらわすときにもこの字を使った。これは、漢字の「來」が同じlaiという発音の「麦」と「来る」とをあらわしていたのと同様の事情である。

前掲（一五頁）のメキシコ先住民族の絵の場合は、その場に限定される事情を描かれた絵全体

伝香川県出土の袈裟襷文銅鐸に描かれた絵（東京国立博物館蔵）

上：虎塚古墳の壁画（茨城県ひたちなか市、茨城県立歴史館提供）

下：伝香川県出土の袈裟襷文銅鐸の絵、（佐原真氏画）

参考　銅鐸の装飾紋—斜格子と連続渦紋．弥生後期．（佐原 真『銅鐸の考古学』、東京大学出版会．2002年）より

であらわしている。日本列島の古代の遺跡に書かれた図形や模様も、何らかのことがらを表現しているのであろうが、語との対応関係は証明できない。遺跡の他に、土器や銅鐸に絵が刻まれたものがあり、それらは狩猟や農作業や祭祀などの様子をあらわしていると解釈できる。しかし、それらの図形のなかに特定の語との対応関係をもっていたとみなされるものはない。銅鐸に渦巻き模様が刻まれたものもあり、何らかの言語表現と関係があったのかもしれないが、これも特定の語と対応関係があったとみなすことはできない。

国語と母語

さらに、理論的な問題からも日本語の文字はなかったと言わなくてはならない。実は、そもそも「○○語」という定義が一筋縄でない。ふだん日本人の多くが気付かないことであるが、国語と母語の異なる人は世界中にいくらでもいる。たとえば中国の朝鮮族やモンゴル族にとっては、中国語普通話（中国標準語をフツウワと呼ぶ）が国語で、朝鮮語やモンゴル語が母語である。それを書きあらわすための文字も、国語は漢字、母語はハングルやモンゴル文字ということになる。これに公用語を加えると事情はもっと複雑になる。たとえばフィンランドではスウェーデン語も公用語である。実際に話す人の数は次第に減っているが、地名の標識などは必ずフィンランド語のものと併記されている。スウェーデン語で書いた契約書は法的に有効である。日本なら外国語で書いた文章に法的な効力をもたせようとすると面倒なことになる。たとえば大学の卒業証書に英

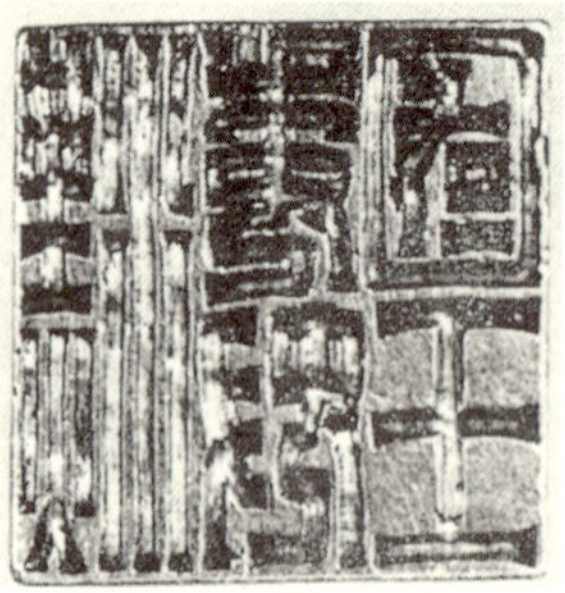

「漢委奴國王」金印（福岡県志賀島出土・福岡市立博物館蔵）

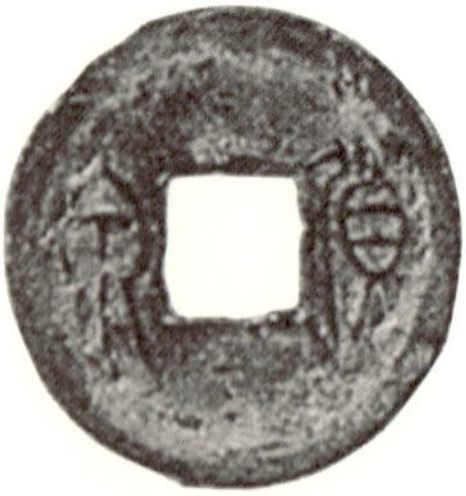

長崎県シゲノダン遺跡出土の「貨泉」（径2.3cm、国立歴史民俗博物館蔵）

「景初三年銘」の三角縁神獣鏡（神原神社古墳出土、文化庁蔵、島根県教育委員会提供）

文を付けると、日本語の部分が証書であり、英語の部分はその翻訳を付録として付けたという扱いになる。これ以上むずかしい議論をさしひかえるが、「○○語」とよばれるものには、民族が文化としてもつ固有の言語と、行政上の公用語との二つの側面があることを理解していただきたい。「日本語」の定義も、日本列島に古くから住む人たちの民族語と、日本という国家の公用語との二面がある。日本列島に国家と呼べるものが成立したのは早くみても五世紀以降である。その言語が現代の日本語の直系の祖先にあたるのはまず間違いないが、その「日本語」を書きあらわすための固有の文字はなく、すでに漢字が使われていた。

早期の漢字資料

日本列島で発見されている漢字の遺物は弥生時代のものにさかのぼる。それらは、言語を書きあらわす文字としては使われていない。個々の字が呪術的なシンボルとして使われている。現代で言うロゴマークのような機能である。最も古い遺物は長崎県のシゲノダン遺跡などの弥生時代の遺跡から出土した銅銭に刻まれた「貨泉」である。中国の新《しん》の時代に西暦一四年から十二年間だけ鋳造したもので、それが日本列島に伝えられていたのである。遺跡の時代は二〜三世紀と推定されている。また、江戸時代、天明四（一七八四）年に博多湾の志賀島《しかのしま》から発見された金印には篆書《てんしょ》で「漢委奴國王《かんのわのなのこくおうのいん》」と刻まれている。これは中国の歴史書『後漢書』の東夷伝に、漢の光武帝の西暦五七年に倭の奴国から朝貢があったので使者に「印綬」を賜ったと書かれている記

「景初四年」銘の三角縁神獣鏡・紀年銘部分
（福知山市教育委員会蔵）

事のものにあたるとされている。中国の歴史書『魏志』の東夷伝倭人条（一般に『魏志倭人伝《ぎしわじんでん》』として知られるもの）には倭国の女王卑弥呼が景初三（二三九）年に魏の国に使者を送って銅鏡百枚を授かったと書かれている。これにあたるものではないかと言われる鏡が全国で四世紀の古墳から出土して、形状と装飾模様により「三角縁《さんかくぶち》神獣鏡」と呼ばれている。円周状に「景初三年陳是作鏡…」からはじまる漢文が刻まれている。末尾が「壽如金石兮」で結ばれる吉祥句である。これらは中国の漢字としては一つの文を書きあらわしているが、受け取った日本人にとっては呪術的な模様でしかなかったであろう。

　このような輸入品だけでなく、日本列島で土器などに漢字を刻んだり書いたりした例も、弥生時代にさかのぼって存在する。三重県の大城《おおしろ》遺跡で発掘された二世紀前半の土器に文字が刻まれていた。「奉」あるいは「年」ではないかと言われるが、これもシンボルであり、文を書いたものではない。福岡県の三雲《みくも》遺跡から出土した三世紀半ばの瓶の口縁部分に横に「竟」とよめる字が書かれた例がある。これについて平川南氏は銅鏡の縁に添って書かれている銘文の影響ではないかと指摘している（国立歴史民俗博物館『古代日本　文字のある風景—金印から正倉院文書まで—』朝日新聞社二〇〇二、一八頁)。古墳時代の銅鏡に刻まれた漢字のなかに裏返しの字(左文字)になっているものもあり、文字でなく模様として認識されていた証拠ではないかと言われる。実は右の「三角縁神獣鏡」のなかに「景初四年」という実在しない年号を刻んだものがあり、これにも左文字が含まれている。日本で模造品をつくったとき、刻まれている銘文を文字として認識しなかった可能性が高い。また、平川南氏は、長野県の根《ね》塚《つか》遺跡から出土した三世紀の土器に刻まれた「大」の字が、先に「入」を書いて次に右から左へ横棒を引くという誤った筆遣いになっていることを指摘している(前掲書)。

日本語に固有の文字?としての神代文字

漢字の輸入以前に日本に固有の文字があったとする説が中世以来となえられることがあるが、科学的な根拠にもとづいていない。それを最初に述べたのは、鎌倉時代中期の学者占部《うらべ》兼方《かねかた》の『釈日本紀《しゃくにほんぎ》』という日本書紀の注釈書の記述である。そのなかで兼方は父の兼文《かねふみ》の説として「於和字者、其起可在神代歟…」と述べている。ここで言う「和字」とは仮名のことではなく日本語の固有の文字を指しているが、それが神代からあったというのである。具体的にどのような文字であったかは述べていない。これを皮切りとして、江戸時代に至るまで、高名な学者たちに、仮名がつくられる以前に日本語には固有の文字があったという発言がときどき見られる。それらを総称して「神代文字《じんだいもじ》」説とよぶ。

そのなかで最もよく知られているのは平田篤胤《ひらたあつたね》（一七七六〜一八四三）の「日文《ひふみ》」である。『神字日文伝』（一八一九）等の著述に、図3のような字の表も示されている。この「日文」は次の理由で信用できない。字の数が仮名と同じ四十七で、平安時代初期まで存在したア行とヤ行のエ段音の発音の区別を反映せず、それより古く存在したはずのいわゆる上代特殊仮名遣いに対応する区別もない。イ段音、エ段音、オ段音が二種類に分かれていたはずなのである。さらに、非常に古い時代の日本語は母音の数が少なかった可能性もあるが、それも反映していない。要するに、平安時代中頃の発音を基準にして字体の組織が作られている。字の形も一見してハングルをまねていることがわかる。他の学者たちの提案した「神代文字」も、それぞれに同様の欠陥がある。

結局、これらの主張は、鎌倉時代以来の神道思想の一環として行われたもので、中国の影響を受ける以前に優れた文化として文字があってほしいという動機から出たものであった。

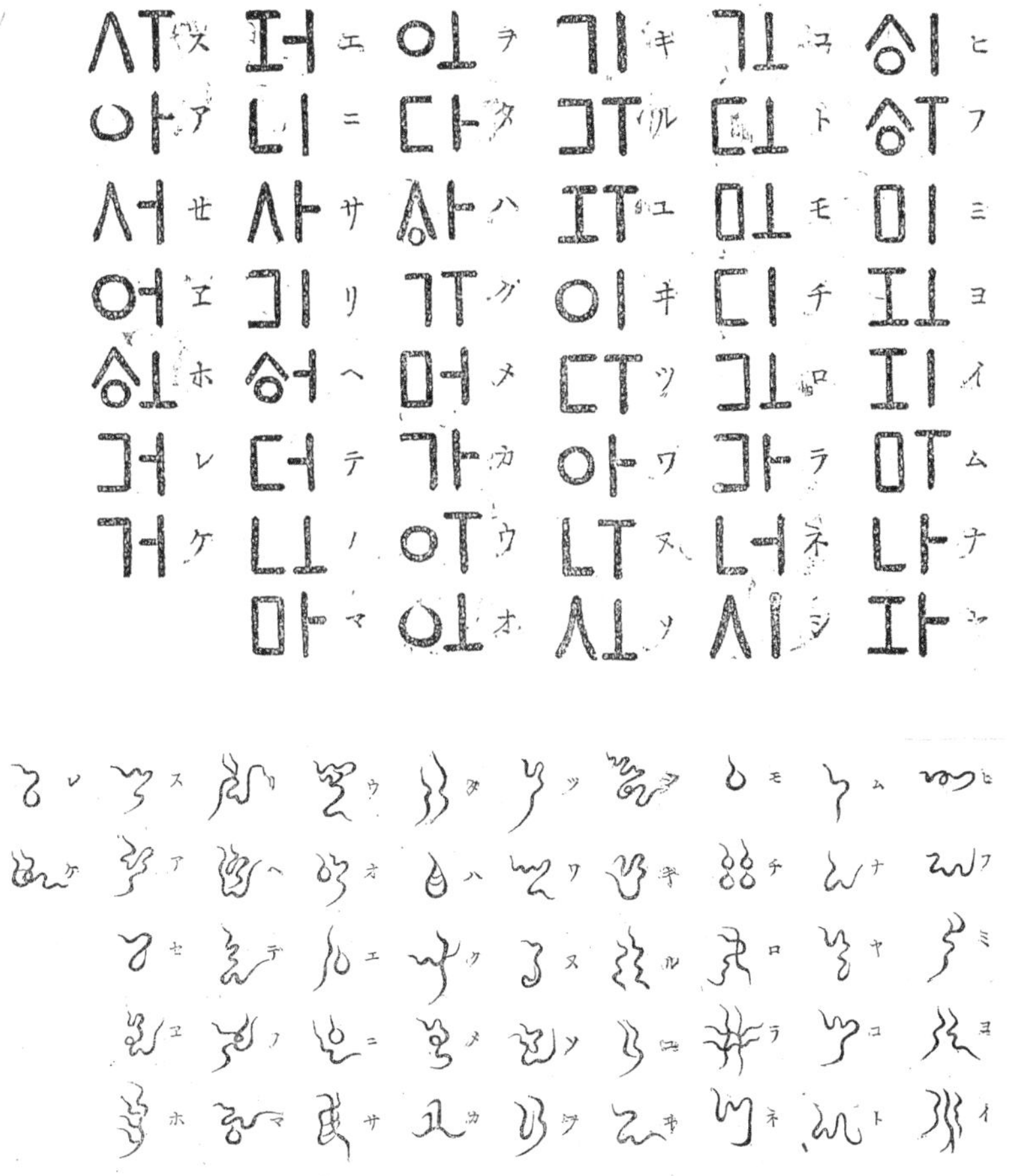

図 3　日文(ひふみ)(『平田篤胤全集』法文館書店、大正 7 年)より

第三章　古典中国語の文字を借りて日本のことがらを書く

呪術的シンボルから行政の道具へ

漢字を文字として使って日本のことがらを書いたものは五世紀の剣や鏡に書かれたものが最も古い。前章で取り扱った二、三世紀の日本の漢字は、当時の日本人にとっては、文を書きあらわしたものでなく、呪術的なシンボルであった。五世紀、古墳時代に入ると、大和朝廷が成立して日本全土に支配を及ぼすようになり、中国をはじめとする外国との交渉も行うようになる。国家の行政を実施するには文書を書いてことがらを記録し伝える必要が出てくる。国と国との外交には書簡を書いて送ったり条約を交わしたりする必要がある。そこで、漢文で日本のことがらを書くということがはじまったのである。

中国の漢字も、というよりも、およそ文字は、まずはじめは呪術的な用途のために使われた。文字で書きあらわされた文は、当初、神を相手として伝えるものであった。漢字であると確認できるもので最も古いのは、紀元前一五〇〇年頃の殷墟《いんきょ》（河南省安陽県）から発掘された甲骨文《こうこつぶん》である。亀の甲羅や獣の骨に刻んだ文字で、占いに用いられていた。甲羅や骨を火にあててひびの入り方で神の意志を知り、それに基づいて政治方針を決めていたと言われる。漢文で書いたことがらを神に伝えて返事を求めていたわけである。漢字が人を対象として行政の道具に用いられるようになるのは、紀元前二二一年に中国全土を統一した秦の始皇帝の時代からである。始皇帝は、

参考　卜辞を刻った甲骨(京都大学人文科学研究所蔵、藤枝晃『文字の文化史』岩波書店、1971年)より

全国に一律に号令を伝えるために文字の統一化と整備をはかった。呪術的な用途のために使われていた篆書《てんしょ》を改造して、実用向けの隷書《れいしょ》をつくらせ、行政のための文書を書かせた。隷書は奴隷にも書けるという名称のとおり、特別な技術のない役人にも書きやすい書体である。このとき、漢字は神を相手とする文字から人を相手とする文字に変わったのだった。五世紀に漢字で日本のことがらを書きはじめた動機も基本的に同じ事情である。

五世紀に日本で書かれた文章は、いずれも文体は漢文である。次に述べるとおり、すでに中国の都の基準からみればローカル色も出ているが、書き手の意識では正式の漢文を書いたつもりだったであろう。ただし、神でなく人を相手として漢字で日本のことがらを書くといっても、この時代にはまだ呪術的な性格が残っている。鏡や剣に書かれた漢文は、持ち主の業績や栄誉をほめたたえる内容であり、行政上の用件を伝えるものではない。たとえば埼玉県稲荷山《いなりやま》古墳から出土した鉄剣の銘文は「辛亥年七月中」という語句で始まる。この「辛亥」という干支による年号は西暦四七一年にあたる可能性が高い。このように干支で年号を示すのは、「景初三年」のように帝王が定めた年号で示すのと比べて、祝祭的な性格の漢文に採用される書き方であり、一種の吉祥句である。この鉄剣の銘文も「乎獲居《をわけ》臣」(近年、東野治之氏が「臣」の位置を「巨」とよむ説「七世紀以前の金石文」『列島の古代史ひと・もの・こと6　言語と文字』岩波書店二〇〇六、五〇頁をとなえているが、今は通説によっておく)という豪族が、先祖代々朝廷に武人として仕え天皇の政治を補佐した業績を述べたものである。和歌山県の隅田八幡宮に所蔵されている鏡の銘文も「癸未」という干支が

参考　「辛亥年」銘鉄剣（埼玉県稲荷山古墳出土、埼玉県さきたま史跡の博物館蔵）

書かれていて、これは西暦五〇三年にあたる可能性が高いと言われている。書かれている字がどの字体にあたるのかよめないものが多いが、「念長泰」という字句があるので、何らかの呪術的なことがらを述べているのは確実である。

ところで、稲荷山古墳出土の鉄剣の銘文の「七月中」は漢文の語句としては一種なまっている。時間をあらわす語の後につく「中」は、正式の漢文では、ある期間をあらわす。「七月中」なら七月のはじめからおわりまでの間をさす。しかし、この銘文では、その意味に解釈すると不自然になる。述べているのは「七月に」この銘文が書かれたということであろう。このような、時間の流れの一点を示す用法の「中」は、古代の朝鮮半島や中国西域の漢文にもよく出てくる。日本語もそうであるが、これらの言語は中国語と異なって助詞や助動詞を使う文法である。言語学の用語で言えば、中国語の文法は助詞や助動詞を使わない「孤立語」、日本語や韓国語・朝鮮語は「接着語（膠着《こうちゃく》語とも）」である。書き手の話す固有語で「七月に」のように助詞で時を指定する用法が、この「中」字の用法に反映したと考えることができる。漢文として文法的に全く誤りであるとは言えないが、なまっている。この銘文を全体としてみると文体の分類では漢文に含まれる。文の形が日本語になっていないので、「乎獲居」などの日本の固有名詞を含んでいても変体漢文とは言えない。現代の例にたとえるなら、「He is a security guard.」のつもりで「ヒーイズアガードマン」と言うと、それは英語なのか日本語なのか。日本語の文と言えないのは確かであろう。

中国語の文字を使って日本語を書く

右に述べたように、六世紀初頭まで、日本列島で使われても、漢字は古代中国語の文字であった。内容が日本のことがらを書いていても、書くための文字としては外国語の文字であった。このあたりは現代のローマ字と事情が異なるところと似ているところとがある。現代ではローマ字は日本語を書くための文字として公認されている。義務教育でも時間数は少ないがローマ字を教える。ローマ字も漢字、仮名とならんで日本語の文字の一つであり、この点は古代と異なる。それは国際化時代にあって必要な処置である。たとえばパスポートの名前はローマ字で表示されて漢字のサインで有効になる。古代と似ている点は、外国語と日本語とを同じローマ字という文字を使って書くところである。六世紀の初頭までの時代、日本のことがらも漢字で書いた。固有名詞などはそれにあたる漢字がないので、漢字の表音価値を借りて日本語の発音を書きあらわした。それは、現代なら日本語をローマ字で書くのに似ている。漢文は古典中国語の文であるから、現代なら英語などをローマ字で書くのと似ている。たとえば稲荷山古墳の鉄剣の銘文の「獲加多支《わかたけ》鹵《る》大王在斯鬼《しき》宮」を「King WAKATAKERU stayed at SIKI palace.」と比較してみれば、表記として似ていること、「わかたけるの大王はしきの宮にあり」とは似ていないことが理解されるであろう。ただし、この漢文の「大王」「宮」は古典中国語として音よみしたのか、すでに訓よみがはじまっていたのかという問題がある。これについては第四章で述べる。

ところで、第一章でもふれたように、現代日本で外国語をローマ字で書くだけでなく便宜的に片仮名で書くことがある。はじめはローマ字のつづりを前提にして片仮名で書くが、次第に片仮名表記が定着していわゆるカタカナ語になる。それら外国語起源の語彙は、外国語と外来語との境があいまいである。たとえば「コンセプト concept」とか「インフラ infrastructure」などは外来語として定着しているかどうか疑問があるが、行政関係者はさかんに使う。そして、もとの英語の意味用法にてらすと、その使い方は、少し意味がずれていたり、もとの意味の一部分だけになっているときがある。英語の concept は抽象概念のうち正式の度が高いものをさすが、「コンセプト」はしばしば構想や計画している内容の意味で使われる。infrastructure は社会的基盤を広くさすが、略語「インフラ」は電気・水道・交通などの整備をさして使われるときが多い。

ここでこのようなことを持ち出したのは、六世紀頃からの日本では、これと似た経緯で、漢語が日本語の語彙になっていったからである。

漢字をいかに日本語に取り込むか

話を歴史の流れに戻すと、大和朝廷が豪族の連合から天皇家中心の国家へ近代化したのは六世紀後半、欽明天皇の頃からである。行政を全国的に行うために、朝廷は大量の文書を作成しなくてはならなくなり、漢字の用途はそれまでの祭祀のための文字でなく行政のための実用の文字になった。日本語の歴史上、まとまった量の文字資料が最初に存在するのは、六世紀末から七世紀初めの推古朝である。それらの資料を「推古朝遺文《すいこちょういぶん》」と呼んでいる。そして、今までに発掘された日本の木簡も、七世紀前半のものが最も古い。この現象は、六世紀末から日本列島における文書作成が急激に増加したことを象徴していると考えることができる。漢字を日本語の文字として「飼い慣らす」いとなみは、これをきっかけにして本格化したらしい。祝祭的な目的だけでなく日常の行政のために文書を書くようになると、書くための媒体である漢字と、書き手が考える内容である日本語との接触の機会が飛躍的に大きくなったはずである。そのとき、漢字で書かれる古典中国語をいかに翻訳して理解するか、それとも、当時の外来語すなわち漢語として日本語の語彙体系にいかに取り込むか。学者だけでなく、中国渡来の行政制度によって実際に文書を書く役人たちすべてがあたまをふり絞ったはずである。

日本語にとけ込んだ漢語

翻訳して理解した経緯は次の章にゆずり、漢字で書かれた語を音よみのまま日本語に取り込んだ経緯を具体的に見てみよう。まず、古い時代に日本語の語彙体系に加えられて、漢語であったことを忘れられてしまったものがある。「きく」「ぜに」などは語源が「菊」「銭」である。「かみ」「ふみ」「くに」はおそらく「箇」「文」「郡」である。これらは、もともと日本になかったものや概念なので、漢語のまま取り入れるのが早道だったのであろう。「きく」は「蘭」や「ポプラ」と同じ理屈で説明できる。「ぜに」「かみ」「ふみ」「くに」は行政に必要な用語として定着しやすかったと容易に想像が付く。その支えになる事実がある。物の量や重さの単位をあらわす語があるが、現代では外来語のキロやグラムを使うことが多い。かつては「め」のような和語も使われたし、「貫」のような漢語も使われていたが、外来語に統一化がすすんでいる。同じように、奈良時代には漢語を音よみで使ったらしい。正倉院文書に「糒玖拾碩」などの例があり、これは「糒を九十勺《しゃく》」と重量の単位を音よみしていたことを示す。なお、先の「箇」「文」の場合、漢字としてはnの音でおわる発音の字であるが、そのnが日本語のマ行音ミで受けとめられている。漢字の末尾の発音の鼻音を古代の日本人は詳しく区別できず、一種なまっているのである。この事情は第五章でもう一度述べる。

日本語にとけ込んで漢語が語源であったことを忘れられている例は、身近な語彙にも意外に多い。「…のように」の「よう」も平安時代に「様《やう》なり」という助動詞として日本語の語彙に加わったものの子孫である。他に、副詞の「ごく」は「極」、形容詞の「きれい」は「綺麗」などがある。これらの語には「さま」「はなはだ」「うるわし」などのように固有の日本語で類似の意味用法のものも存在する。固有語とは少し違うニュアンスをあらわすために漢語が導入されて、日本語の語彙を豊かにした。日本語の語彙は概して抽象的な概念をあらわすものが乏しい。その空き間を漢語が埋めたのである。日本語の側からみれば、これも一つの「漢字の飼い慣らし」である。現代は、漢語に替わって外来語がその役割を担いつつある。五十年ほど前に行われた調査では、日本語の文章を書くために使われた語彙のなかで半分近くが漢語で外来語は一割に満たなかったが、十年ほど前に行われた調査では外来語、というよりカタカナ語が四割強を占めている。現代、カタカナ語が増えている状況は、六、七世紀の日本語に漢語が増えていった状況と似ている。現代、日本人が英語になじむ度合いが増えている状況と、六、七世紀、日本人が漢字で書く文章になじむ度合いが増えていった状況とは、本質的に同じである。

「国字」という飼い慣らし

なお付け加えておくと、いわゆる国字は、漢字そのものを飼い慣らしたのではないが、漢字の字形の構成の仕方を自家薬籠中のものにしたという点で一種の「飼い慣らし」である。「峠」「榊」などは平安時代の前期（九〇〇年頃成立）の字書『新撰字鏡《しんせんじきょう》』にすでに記載されている。国字の多くは日本語で発想した意味の側面から作られているので訓よみがあって音よみがない。「腺」はめずらしく訓よみがない。江戸時代に医学用語としてつくられたが、偏が意味範疇をあらわし旁が発音をあらわすという諧声《かいせい》文字（「形声《けいせい》文字」とも呼ぶ）の構成の仕方に従っている。

すでに漢語としてあったものを、改造してつくった国字もある。「癪にさわる」のように使う「癪」である。もともと精神的な苦しみをあらわす「積聚《しゃくじゅ》」という仏教系の語彙があった。この意味の「積」が中世の日本で肉体的な苦痛をともなう病気「しゃく」として定着し、江戸時代に「疒」をつけて病名用の漢字をつくったのである。

第四章　訓よみ——漢字に日本語をあてて読み書きする

多対多の関係で結びつく漢字と訓

漢字の意味用法に日本語と同じか似たものがあったとき、その字に日本語の単語をあてはめて翻訳する場合があった。それが訓よみである。たとえば「山」という字は san のような発音で日本語の「やま」とほぼ同じ意味だったので、「山」と書いてヤマとよむように習慣付けた。現代なら「etc.」と書いてトウトウとかナドとよむのと同じである。

漢字と訓との結び付き方は、原則的に多対多の関係だった。たとえば「川」も「河」もカハで、イキルもウマレルも「生」である。当然ながら、日本語の語彙と中国語の語彙とは一対一に対応しないからである。「山」はヤマ「岳」はタケのように区別が生じた場合もあるが、タケの訓は「嶽」とも結び付き、さらに「丈」もおそらく日本語としての語源が同じなので訓よみも同じである。「上る」はアガルかノボルか。古代ならどちらにもよめる。現代の常用漢字ではノボルは「上る」でアガルは「上がる」である。つまり、漢字でなく送り仮名の違いで区別する。これは、漢字と訓よみとの対応関係をできるだけ一対一の関係に近付けたいという政策によるものである。こうした人為的な統制が行われなければ多対多になる。その点、古事記の漢字の用法を見ると、一つの漢字と訓との関係を一対一に近付ける方針をとっている。また、訓よみが同じであっても漢字の字体を特定の意味にふりあてる方針もとられている。たとえばツクルと訓よみする字は「造」は建物、「営」は田、「作」はその他をつくるときに使われている（小林芳規氏『日本思想大系1　古事記』岩波書店一九八二、解説「古事記訓読について」）。これは、古代日本にあっては例外的な、そして画期的な見識であった。

漢語と日本語の融合

漢語と日本語の固有語との混淆も生じた。「柳」も「楊」もヤナギと訓よみする。中国では別の植物を、輸入した日本では同一の範疇に入れてしまった。実は「やなぎ」の語源は「楊な《や》木」である。この「な」は連体助詞「の」古い形であって、「やなぎ」という語の構成は「まつのき」と同じである。つまり「やなぎ」は中国語と日本語とが結合してできた語である。現代日本人は「柳」の訓よみに「楊の木」をあてていることになる。また、ワラフと訓よみする漢字は数十ある。中国語では笑い方の違いを単語で区別するからである。日本語では笑う動作はワラフとヱムの他に何があるだろうか。笑い方を区別して言おうとすれば「にこっと笑う」「ほほえむ」などと修飾語を付けて表現する。「莞爾《かんじ》と笑う」という成句があるが、これを「文選《もんぜん》よみ」と言う。

「莞爾」が心からうれしそうに笑う動作をあらわす漢語である。これが笑う動作をあらわす語であることを理解するために、まず漢語として音よみし次に翻訳の日本語で訓よみして、おおまかな意味と詳しい意味とを理解しようとした方法である。『文選』は古代中国の名文を集めて六世紀に編纂された書物で、日本でも漢文を学ぶ教科書として平安時代にさかんに用いられた。その学習でこの方法が用いられたのが名称の由来とされる。「蟋蟀《しっしゅっ》のきりぎりす」「野干《やかん》のきつね」などの類句がある。これは「墜落して落ちる」と同じような言い方ということになるから、現代人には奇妙にみえるが、「墜落」は漢語として一般化に普及したが「莞爾」「蟋蟀」「野干」は一般化しなかっただけのことであって、程度の差でしかない。「飛行機が墜落してたんぼに落ちた」なら何の不自然もないだろう。こうして漢語の一部は日本語ととけ合った。

漢字の意味と異なる訓よみ

右に述べた二件は日本語と中国語の語彙の対応関係がずれていることから生じた現象であるが、漢字が本来あらわす意味用法とは大きく異なる日本語をあてて訓よみすることも、少なからず行われた。よく知られているのは「鮎」である。「あゆ」は中国に生息していない。この漢字があらわす魚は別の種類である。なまずの一種と説明されているが、どのような魚であるか中国人に聞いても、はかばかしい返事を得た経験がない。なぜ「鮎」に日本のアユの訓よみをあてたのか、なぞと言うほかない。平安時代の辞書『和名類聚抄《わみょうるいじゅしょう》』（西暦九三四頃成立）に「鮎」は「阿由《あゆ》」とよみ「銀口魚又云細鱗魚」であると解説されている。こういうところからの結び付きか。

この類の例は、今後、古代の朝鮮半島や中国西域の漢字の用法と比較して考えることが望ましい。そうすればもっとわかるところが出てくるであろう。たとえば「鎰」という字を日本では七世紀以来「鍵」の意味で使う。理由はよくわからないが、金属の重量の単位をあらわす字なので、鍵を鋳造することから意味用法が転じたのかもしれない。奈良県の飛鳥池遺跡から出土する木簡などに用例が見られ、同じ用法の「鎰」が、韓国慶州市の雁鴨池《あなぶち》という遺跡から出土した金属の鍵にも刻まれている。この遺跡は新羅の八世紀の王宮跡なので、半島と列島に共通して中国本土と異なる漢字の用法が行われていたことがわかる。また、「椋」という字は中国の漢字としては植物名である。しかし日本では古来「倉」と同じ意味用法で使う。現代の姓「小椋」などにその跡が残っている。その源流は、こうした六世紀以来の、半島と列島に共通した漢字受容にある。

この「椋」については、高句麗で「桴京」をもとにしてつくられた字ではないかと言われている。李成市氏は、稲葉岩吉氏の著述『釈椋』（ソウル 一九三六）を引用して、「京」字にもともと「倉」の意味があるのだが、「桴」の音よみがそれにあたる高句麗語の発音と似ているので、合字にして木造の倉庫をあらわしたのではないかと推定している（「古代朝鮮の文字文化」『古代日本 文字の来た道』大修館書店、二〇〇五）。その結果、偶然に中国で植物をあらわす字と同じ字体になった。これが日本列島に輸入されて、八世紀のはじめまでふつうに使われる。たとえば大宝二（七〇二）年度に編纂された戸籍に出てくる人名「椋人」はクラヒトである。漢字の学習がすすむと、中国では同じ字体でも「むく」をあらわすことに気付く人が出てくる。古事記の選録者たちは漢字に関する造詣が深いので、「くら」には「倉」か「蔵」をあてた。

漢字による鋳直し

右にいくつかの例をあげて述べたように、日本の漢字の用法は中国の本来の漢字の用法とはいろいろな点で異なっている。とくに日本の漢字は、ほとんどの字に音よみとならんで訓よみがある、この点が重要である。漢字の字体があらわす発音の体系が、音よみと訓よみとの二重の標準をもっていることになる。日本の漢字と中国の漢字は、共通に使っている字体が多数あるが、用法が体系的に異なるので、別の文字であるとみなされる。英語の術語でも Sino-Japanese の定義を変えて日本の漢字を中国の漢字と区別するときの呼称として使うことがある。

なお、古代日本における漢字と固有語との接触は、固有語の語彙体系の方を変えてしまう場合もあった。というよりむしろ、現代の私たちが固有の日本語だと思っているものは、実は、もともとの意味用法を漢字という型にはめて「鋳直した」ものだと考えた方が良い。たとえば、文字を「書く」という動詞は、日本語には文字がなかったのだから、固有語には存在しなかった。「かく」という動詞は、「表面をかく(他動詞)」「汗をかく(自動詞)」のような意味用法でもともと存在していた。紙の表面を筆で「かく」動作を漢字という型にはめて「書く」にしたのである。

また、商品を「買う」という動詞は、日本で貨幣が使えるようになったのは七世紀末の「富本銭」

が最初であるから、固有語には存在しなかった。これも物々交換の「換《か》ふ」を「買」という型にはめて「鋳直した」ものである。もちろん「鋳直し」が定着しなかった場合もある。たとえば、古事記や万葉集に出てくる「一年《ひととせ》」という語は必ず一年間の意味である。万葉集巻十の二〇三二番歌「ひととせに七日の夜のみ逢ふ人の…」は牽牛織女のことを言っている。しかし、平安時代には「ひととせ」が過去のある一点としての一年をさす用法が多い。たとえば源氏物語の朝顔巻の「ひととせ中宮のお前に雪の山のつくられたりし」は一年間ではあり得ない。この場合は、七、八世紀に教養層が「ひととせ」を漢語「一年」の意味用法の型にはめて「鋳直した」が、定着しなかった。もともと日本語の「ひととせ」は、期間とも一点とも限定されず、単に「ひとつのとし」でしかなかったからである。先に第三章で述べた「七月中」という漢語の日本なまりを思い起こしていただきたい。

このように、訓よみの成立は、漢字の側からの規制と固有語の側からの規制とのせめぎ合いの歴史であった。漢字の側が「飼い慣らされた」だけでなく固有語の側も「鋳直された」のである。この問題については、後に第七章をたてて、実例に即して詳しく解説する。

第五章　音よみ――古代中国語を日本語のなまりで発音する

開音節化と漢字のよみ

漢字の中国語としての発音を取り入れたとき、当然日本なまりが生じた。現代の英語と外来語とにたとえると、たとえば「strong」は「ストロング」となり「s」「t」「ng」のあとに母音ウ、オ、ウを添えなければ日本人には発音し難い。練習して英語らしい発音が上手くなっても、ともすれば子音の後に母音が出る。こういう現象を「開音節化」と呼ぶ。英語は発音の単位が子音でおわることのある「閉音節言語《へいおんせつげんご》」であり、日本語は必ず母音でおわる「開音節言語《かいおんせつげんご》」だからである。本質的に同じことが古代の中国語と日本語との間にもおきた。中国語も閉音節言語であり、子音でおわる語がある。それを反映して漢字音にも子音で終わるものがある。これを日本人が発音しようとすると、母音を添えて開音節化するか、それとも何か別の方法で解消しなくてはならない。

そこでとられたのは、漢字音の末尾の子音を次の字の頭の子音に重ねて目立たなくする方法である。たとえば第三章でふれた埼玉県稲荷山古墳出土の鉄剣銘文にある固有名詞の表記のなかの「獲居《わけ》」「獲加《わか》」がそうである。「獲」字は中国の漢字の音では子音-kで発音が終わる。その後にk-ではじまる「居」「加」をもってきて、「獲」の末尾の-kを単独で発音しなくて良いようにしている。しかしこの方法は、適用できるところが限られるし、漢字一字を単独で発音する場合には用いることができない。この方法が行われたのは、漢字の音よみを借りて日本語の発音を書きあらわすときに限られた。それもほとんどが固有名詞の表記である。たとえば地名「甲斐《かひ》」の「甲」は子音-pで発音が終わる漢字であり、二字目の「斐」はp-ではじまる。古代日本語のハ行子音はh-ではなくp-かF-の類だったので、これでカヒをあらわすことができた。

漢字一字を単独で発音しようとするときは日本語なまりの開音節化を避けられない。たとえば「末」は子音-tでおわるが、それに母音を添えてマツと一字を二音に発音するほかない。末尾に子音をもつ漢字の音よみのほとんどがこの方法で処理されている。これを固有名詞の表記に利用することもあった。たとえば地名「薩摩」の「薩」は子音-tでおわるが、それに母音を添えてサツとよませ、漢字二字でサツマという日本語の三音をあらわしている。この方法による地名表記は、七、八世紀に広く行われて、現代の地名表記のもとになっている。和銅六（七一三）年には朝廷が「畿内七道諸国郡郷名著好字」という詔を出して、地名を良い意味の漢字で書きあらわすように指示した。そのため「針間」と書いていたのを「播磨」に改めるようなことが全国的に行われた結果である。この「播」は子音-nでおわる発音の字であるが、それに母音を添えて日本語のリにあてる表記になっている。nとrは発音するときに舌を上あごに近付ける運動が共通するので類音とみなされたのであろう。前章でふれたが、「文」などの末尾のnが日本語のマ行音ミで受けとめられているのも、nとmはともに鼻音なので、古代の日本人は詳しく区別せずに開音節化したのである。

この漢字音の末尾の子音の処理の仕方は、朝鮮半島で行われた試行錯誤の影響を受けた可能性がある。たとえば、本書の補説でやや詳しく述べるが、新羅の咸安《ハマン》城山山城という遺跡から六世紀の木簡が出土した。そのなかに「伊骨利村」という地名を書いたものがある。この「骨」字は中国の漢字音では子音-tでおわるが、朝鮮半島の漢字音ではこれを-rでよむ。従って、この-rは「利」の頭のr-と重ねてあることになり、この地名はikuriのような発音になる。同じ地名を「伊骨村」と書いた例もあり、その場合は「利」を省略して「骨」の-rで暗示している。新羅語も現代の韓国語・朝鮮語と同じく閉音節の言語だったらしいので、このように表記して不自然ではなかった。しかし、もし日本人が-tをよもうとすれば、開音節化しないと発音できない。これが示唆となって「薩摩」のような表記が行われたのかもしれない。

中国語との発音の仕組みの差異

次に、概して中国語の方が子音と母音の種類が多いので、日本なまりではその区別がなくなる。たとえば「古」も「胡」も日本の漢字音ではコと音よみするが、古代の中国では別の子音であった。「己」もコと音よみするが、中国では「古」「胡」とは別の母音であった。中国人が同じ発音と認識しているものを日本人が別の音に聞いて区別した場合もある。たとえば「帽」と「豪」は中国の漢字音では同じ母音であるが、日本の平安時代の漢字音ではボウとガウとであり、前者の母音はオで、後者はアで受けとめられている。「帽」は子音のb-で唇をすぼめる関係で母音の音色が少し変化するのだが、日本の漢字音ではそれを別の範疇に入れてしまったわけである。現代の例にたとえるなら、現代日本語のカ行の子音は単語の語頭では息が出る発音であり語中では息が出ない発音になる傾向がある。読者は口の前に手のひらをかざしてためしていただけば確認できるだろう。中国や東南アジアの言語では子音に息がともなうか否か（音声学で「帯気」か否か）で単語の意味が変わる。そういう人たちは日本語のカ行子音に二種類があると認識する。

また、古代の中国語には子音と母音の間に介音《かいおん》という要素があった。すべての漢字の音に介音があったわけでなく、介音のない字もあった。介音は日本語の拗音に似ているが、古代の日本語は拗音がなかったので、はじめ、介音をもつ漢字を音よみするとき、それを無視して発音した。七、八世紀の朝廷は、次の節で述べるとおり、現代の英語奨励と同じように当時の中国語の習得を奨励した。その際、この介音は学習が重視されたらしく、平安時代以後は拗音として日本の漢字音でも発音されるようになる。具体例の一つが「燭」である。この字は「燭台」などではショクと音よみするが、「蠟燭」などではソクと音よみする。前者が介音を日本語の拗音に置き換えて発音する例であり、後者は介音を無視して発音していた時代に単語の発音のなかに定着したものである。

古代日本語に拗音がなかったと言っても、拗音の発音の仕組みはヤ行の子音、ワ行の子音と本質的に共通している。音声学では半母音と呼ばれるものであるが、一つの母音の前半が弱いイまたはウに似た音からはじまってアイウエオの母音の音色に推移するのが実態である。単純化して言えばィアがヤ、ィウがユ、ィオがヨ、ゥアがワ、ゥイがヰ、ゥエがヱ、ゥオがヲになると理解して良い（ィイとゥウは前も後も同じであるから、ヤ行のイ段音とワ行のウ段音はできない）。これらの前に子音が付いたものが拗音である。たとえばィオの前にサ行の子音が付いてショという拗音ができ、ゥアの前にカ行の子音が付いてクヮという拗音ができることになる。子音の次が弱いイである拗音を開拗音《かいようおん》と呼び、ウであるものを合《ごう》拗音と呼ぶ。このように、音声学的には拗音が日本語の音韻に生じる下地があり、それで中国の漢字音の介音を受けとめたのであった。

音よみの三層

こうした日本なまりの発音が個々の漢字のよみとして習慣付けられたのが音よみである。中国語の発音の歴史的変化と、日本へ輸入された時期の違い、それに、使われた用途の相違によって、同じ字が複数の音よみをもっている場合もある。それらを古い順に説明する。

最も古いものは古韓音《こかんおん》と呼ばれる。名称から察せられるように、朝鮮半島から伝わった古い音よみである。もとになったのは中国の二、三世紀の漢字音である。それを中国の「上古音《じょうこおん》」と呼

図4　奈良県飛鳥池遺跡出土木簡（『日本古代木簡集成』木簡番号502）

ぶ。最近は研究者にもこれをジョウコオンと発音する人が多くなったが、ゆかしいよみかたは守りたいものである。寄り道はさておき、この古い漢字音が朝鮮半島に伝えられて定着したのち日本列島に来たのが古韓音である。古韓音は、日本の漢字音の基層になったが、七世紀には新来の漢字音によって次第に上書きされていく。古韓音が日本でいつまで行われたのかは詳しくわかっていない。ほんの十年ほど前までは、奈良時代に入ると漢字音としては姿を消していたように思われていたので、従来の日本語の歴史の概説書では古韓音をほとんど取り上げなかった。しかし、一九九七年に奈良県の飛鳥池遺跡から字書の一節を書いた木簡が出土して事情が変わった。八世紀のはじめに書かれたものと推定されているが、漢字の音よみの仕方を示した内容であり、その音よみは古韓音でなければ整合的に説明できないところがある。詳しく知りたい読者は筆者の『木簡による日本語書記史』（笠間書院二〇〇五）第一章の3.を読んでいただきたいが、要点は次の二つの例の解釈である。

この木簡の表側の真中あたりに、「戀」の音よみが「累尓」であると書かれている。「戀」の音よみは平安時代以後ならレンである。「累尓」は平安時代以後のそれぞれの漢字の音よみによればルニとなる。うしろの「尓」は、「戀」の末尾のｎを、先に述べたように開音節化して発音することを、ニと音よみする字であらわしたと説明できる。母音イを添えて発音する慣習ができていたのである。問題は前の「累」である。レに似た音よみであってほしいが、漢音や呉音ではルイとよむ字である。しかし、古韓音なら整合する。上古音で「累」はəのような母音をもっていた。「戀」は上古音ではäのような母音をもっていた（董同和氏『上古音韻表稿』台湾国風出版社、一九四五による）。日本人の古韓音による認識では、この母音の違いが区別できず、同じ母音として扱ったのである。子音はともにl-であるから、「戀」の音よみを「累尓」であらわすことができたと説明できる。

次に、その少し後に「横」と「詠」が並べて書かれている。この二字の音よみが同じということである。平安時代以後なら「横」はワウ、「詠」はエイと音よみするので一致しない。中国でも、六世紀の漢字音ならこの二字は子音も母音も異なる。しかし、上古音なら、この二字は子音と母音が同じで、「横」は介音をもたず「詠」は介音をもつ点だけが異なっていた（董氏前掲書）。先にも述べたように、古い時代の日本の音よみでは介音が認識できず無視して発音していたから、上古音をもとにした古韓音ならこの二字は同音になる。

なお、この木簡に書かれた字は何か仏教系の書物から抜粋されたように見える。たとえば鬼の一種である「蜚」が書かれている。従来の研究では、八世紀には、古韓音は漢字音としては行われなくなり、後の章に述べる万葉仮名の用法に痕跡を残したと考えられていた。たとえば「支」はキの万葉仮名としてよく使われた字体であるが、漢音や呉音ではシと音よみする。古韓音ではシでなくキに近い音よみだった。このようなものについて、万葉仮名として用法が慣習化したなかに古韓音が保存されたと解釈していたのだが、飛鳥池の字書木簡が出てきて、一般の漢籍を古韓音で音よみしていた可能性が生じた。そういう目で見ると、かなり後の時代の木簡にも古韓音の痕跡らしきものがいくつかみられる。たとえば天長年間（八二四〜八三四）のものと推定されている木簡に歌の語句を「…仁彼ッ仁…」という万葉仮名で書いたものがある。「にはづに」とよむので、「彼」で日本語のハを書きあらわしていることになるが、この字は漢音や呉音でヒと音よみし、古韓音ならハに近い音よみである。今後に残された研究課題である。

古韓音に続くのはいわゆる呉音である。中国の南方系の漢字音をもとにしているとの考え方によってこの名称が付けられている。中国の漢字音としては、上古音より後、六世紀頃までの時間的な幅がある。地域的にも必ずしも南方系とは言えない。古韓音より後に朝鮮半島で熟成した漢字音ではないかという議論もかねてからある。呉音のこのような由来を確かめることも今後の研究課題である。なお、呉音という名称は後になって名付けられたものである。平安時代まで、この次に述べる漢音と区別して「和音《わおん》」と呼ばれていた。時間的にも地域的にも雑多な漢字音が日本列島で堆積していたものを、総称して「和国の漢字音」と呼んだわけである。呉音は、平安時代に藤原公任《きんとう》という学者が、和音と呼ばれていたものに基づいて、漢音と異なる体系の漢字音として整理したものであったが、後に和音がその名称で呼ばれるようになった。呉音は主として仏教系の語彙に多く残っている。たとえば「経」は「経験」のようにケイとよむことが多いが、仏教の「経」はキョウと呉音でよむ。また「言」という字はふつう「発言」のようにゲンと漢音でよむが、「言語道断」のような特別な言い回しはゴンと呉音でよむ。

七世紀の後半には、こうしてそれまでに営々と輸入され定着していた漢字の用法と、帰国した留学生がもたらした当時の現代中国語にもとづく用法とが同時に行われて混沌とした状態になった。音よみに、古韓音、呉音、そして次に述べる漢音が併存して行われたのである。

漢音は、中国の「中古音《ちゅうこおん》」を日本に輸入したものである。六、七世紀に中国の中原で行われていた漢字音をさして呼ぶ。西暦六〇七年、推古天皇の時代に遣隋使が始まり、日本の朝廷は中国の文化の直輸入に熱意をかたむけた。王朝の交替によって西暦六三〇年からは遣唐使になった。そのとき当時の中国の標準音として学んで持ち帰った漢字音が日本でなまって定着し漢音になる。日本書紀の天武天皇の十一（六八二）年の記事に、天皇が境部連石積《さかひべのむらじいはつみ》らに命じて四十四巻からなる字書『新字』を編纂させたという記事がある。石積は遣唐使の一人で、天智天皇の六（六六七）年に帰国している。当時の現代中国語会話を学び、漢字に関する最新の知識をもっていたのであろう。『新字』という名称は内容そのものをあらわしている。ただ、実はこの字書は何も痕跡が残っていないので、本当に編纂されて完成したのか怪しい。日本書紀の天武天皇の十年の記事には川島皇子らに命じて帝紀《ていき》と上古の諸事の記述内容を定め記録させたと書かれている。こちらの方は日本書紀（あるいは古事記も）として後に具体化しているから、『新字』の編纂にも何らかの実態があったかもしれないが、欽定版の字書が完成したのなら何も残らないはずはない。この記事は、中古音をともなう中国の新しい漢字の用法を普及しようとする文教政策を象徴していると理解するのが良いだろう。西暦六六三年の白村江における敗戦で唐・新羅との外交関係が緊張して国威を発揚する必要があり、六七二年の壬申の乱後の内政を引き締めるためにも、天武天皇は中国化による諸政策の近代化を急激に進めようとした。その一環として普及がはかられた新しい漢字の用法の音よみが漢音であった。

日本書紀の持統天皇の五（六九一）年と翌年の記事には、音博士であった唐の続守言と薩弘恪、書博士であった百済の末士善信に銀を下賜されたとある。現代にたとえるなら、大学のスピーキングとライティングを担当するネイティヴ教員に報奨金が支給されたのである。その後も日本の朝廷は漢音の普及をすすめる。延暦十一（七九二）年には「年分度者」の僧に漢音の習得が義務付けられた。当時、公式に僧侶として得度《とくど》できる定数枠が年ごとに決められていた。現代にたとえるなら国家試験である。その合格に漢音の習得が必須とされたわけである。また、延暦十七（七九八）年に出された太政官符《だじょうかんふ》に、大学寮を卒業して官僚になる人たちを対象として、漢籍の音読は漢音を用い、呉音を用いてはならないと定めたものがある。太政官符は現代なら法令の公布にあたるものであり、現代にたとえるなら、常用漢字音訓表で公用文の音よみの仕方に制限を加えているような事情を示している。このあたりの事情をさらに詳しく知りたいと思う読者には、湯沢質幸氏の『古代日本人と外国語』（勉誠出版二〇〇一）をおすすめする。

読めなかった「高麗」の文書

七、八世紀の朝廷は、世界の文化水準に遅れまいと必死だった。日本書紀の敏達天皇の元（五七二）年五月の記事に次の事件が書かれている。前々年の欽明天皇の三十一（五七〇）年四月に「高麗」から使者が越の国に漂着し、その後都に滞在していたのだが、このとき、天皇は、使者の携えてきた上表文を大臣の蘇我馬子《そがのうまこ》に授け、史《ふびと》たちを招集して読解せよと命じた。国から国への外交文書が読解されないまま二年間放置されていたわけである。三日の間、史は誰も読むことができなかったのを、「王辰爾」が解読して天皇に奉った。天皇と大臣は辰爾をほめて、以後殿中に近侍するよう命じ、史たちには詔を出して辰爾を見習うよう促した。辰爾が読めたわけは、烏の羽に墨で書いてあったのを湯気にあてて絹布に写してよんだと種明かしされている。これはつくり話しであろう。実際は、漢字で書かれた文章を旧来の学力でよめないという事態が生じたことを象徴している。「史」は「ふみひと」が語源であり、漢字を扱うことを職とした氏族をさすが、彼らの古い漢字の知識では六世紀の新しい漢字の意味用法を駆使して書かれた漢文がよめなかったのである。「高麗」はおそらく高句麗をさすが、新羅、百済に比べて、中国大陸と接し、勢力も強かったので、三国のなかで文化的に先進であった。六世紀の後半にはいち早く新しい漢字の用法が知られていたのであろう。王辰爾は姓の王からみても渡来人であり、六世紀後半の日本列島では例外的に新しい漢字の知識をもっていたので、敏達天皇は学者として朝廷に迎えたのである。この記事には七、八世紀の朝廷の焦燥感がよくあらわれている。

漢音の普及、唐音の輸入

右のような事情によって一定の時期に国家事業として学んだ漢字音なので、漢音は呉音と異なり均質である。中国の中古音の標準になるのは『切韻《せついん》』という字書に記述された漢字音である。西暦六〇一年に随の陸法言《りくほうげん》が編纂したもので、その後増訂されながら長く漢字音の標準になった。日本の漢音は、中古音のなかでもそれより少し後の『慧琳音義《えりんおんぎ》』という書物に記述された体系によく一致すると言われている。唐の慧琳（七三七〜八二〇）が『一切経』を音読するための解説書として著したものである。日本の漢音は九世紀のはじめに体系的に整備し直されたことがわかる。こうして漢音は次第次第に普及し、日本語の歴史の上では、呉音で音よみされていた字が次第に漢音で上書きされるという経過をたどる。江戸時代あたりから、日本の漢字の音よみは漢音がふつうになった。ただ、先にも述べたように、仏教用語には呉音が多く残っている。その源は九世紀にすでにあったらしい。延暦二十三（八〇四）年の詔勅で仏典の読解に高い能力をもつ僧侶は漢音を用いなくて良いと承認している。おそらく、伝統的な仏教学から要請があったのであろう。実情に法令の方を合わせるのは現代にも行われていることである。

漢音の後の波として、平安末期から鎌倉時代に唐音がくる。これは、貿易や禅宗の到来にともなって、当時の現代中国語が入ってきたものであり、漢音のようには日本の漢字音に体系的な影響を与えなかった。「行灯」「饅頭」などの品物の名や「看経《かんきん》」などの禅宗用語として使われるだけである。さらにその後にも中国との交流にともなって漢字音が輸入されるが、それらは外来語に扱われて「マージャン」のように片仮名で書かれる。

大衆化した漢字

なお、漢字の音よみは中世まで外国語と意識されていた。四声は日本語になくて中国語に特徴的な要素である。子音と母音が同じでも四声が異なれば別の単語になる。この四声が、中世まで、漢字音の体系に従って学習されていた。子音と母音の発音が日本なまりであっても、中国語としての運用を念頭においていたことを示している。中世末から漢字は大衆化して日本語の文字になり切る。一千年かかって漢字音の面で「飼い慣らし」が完成したのである。四声も忘れられて漢語が日本語のアクセントに従って発音されるようになる。

先に述べたように中世末から漢音が一般化するが、同時に漢音と呉音の違いも忘れられがちになる。大衆化と漢音と呉音の混同によって、それまでになかった漢語がつくられるようになった。重箱読みや湯桶読みは大衆化のあらわれである。すでに述べたように漢語と和語との融合は古くからあるのだが、はどめがなくなっていく。二字熟語で漢音と呉音を両用するものもあらわれた。

たとえば「平家」は現代ではヘイケとよむが、ヘイは漢音、ケ（江戸時代まではクヱ）は呉音である。中世まではヘイカかヒャウクェいずれかに音よみをしなくてはならなかったはずであるが、文禄元（一五九二）年にイエズス会が出版した天草版平家物語ではポルトガル語式のローマ字で「FEIQUE」（ヘイクヱ）とつづられている。中世まで、漢音なら漢音だけ、呉音なら呉音だけでよんでいたのは、外国語として意識されていたからである。現代にたとえるなら、同じ「Winter」のつづりであっても英語とドイツ語とで発音をかえるようなことにあたる。江戸時代にも学者たちは漢音と呉音の別を守っていた。たとえば江戸時代後期の尾張の国学者に鈴木朖という人がいる。国語学に優れた業績を残したが、その代表的な著書『言語四種論』はゲンギョシシュロンとよむ。

第六章　万葉仮名―漢字で日本語の発音を書きあらわす

「仮借」から固有の文字へ

これまでにすでに「万葉仮名」という用語を使っているが、この章でまとめて解説する。万葉仮名は、おおまかに言えば漢字の「仮借《かしゃ》」という用法に含まれる。仮借よりも漢字の「飼い慣らし」がすすんだ状態が万葉仮名であると言って良い。そして、「飼い慣らした」末に「品種改良」が行われて日本語の固有の文字である仮名に遷異する。

仮借は次のような用法をさす。たとえば、先に第三章であげた「來」という字は、もともと麦の象形字である。これを動作をあらわす字としても使う。動作のような抽象的な意味は具象的に表現できないので、同音異義語の字の音を借りて書きあらわしたのである。この方法を、古来、中国からみた外国語の発音を漢字で書きあらわすのに応用していた。たとえば漢訳仏典の陀羅尼《だらに》は、古典インド語の呪文の発音を漢字の音を借りて書きあらわしたものである。歴史や地理の書物には諸国の固有名詞が同じ方法で書かれた。たとえば、第三章で、『魏書』の東夷伝倭人条に

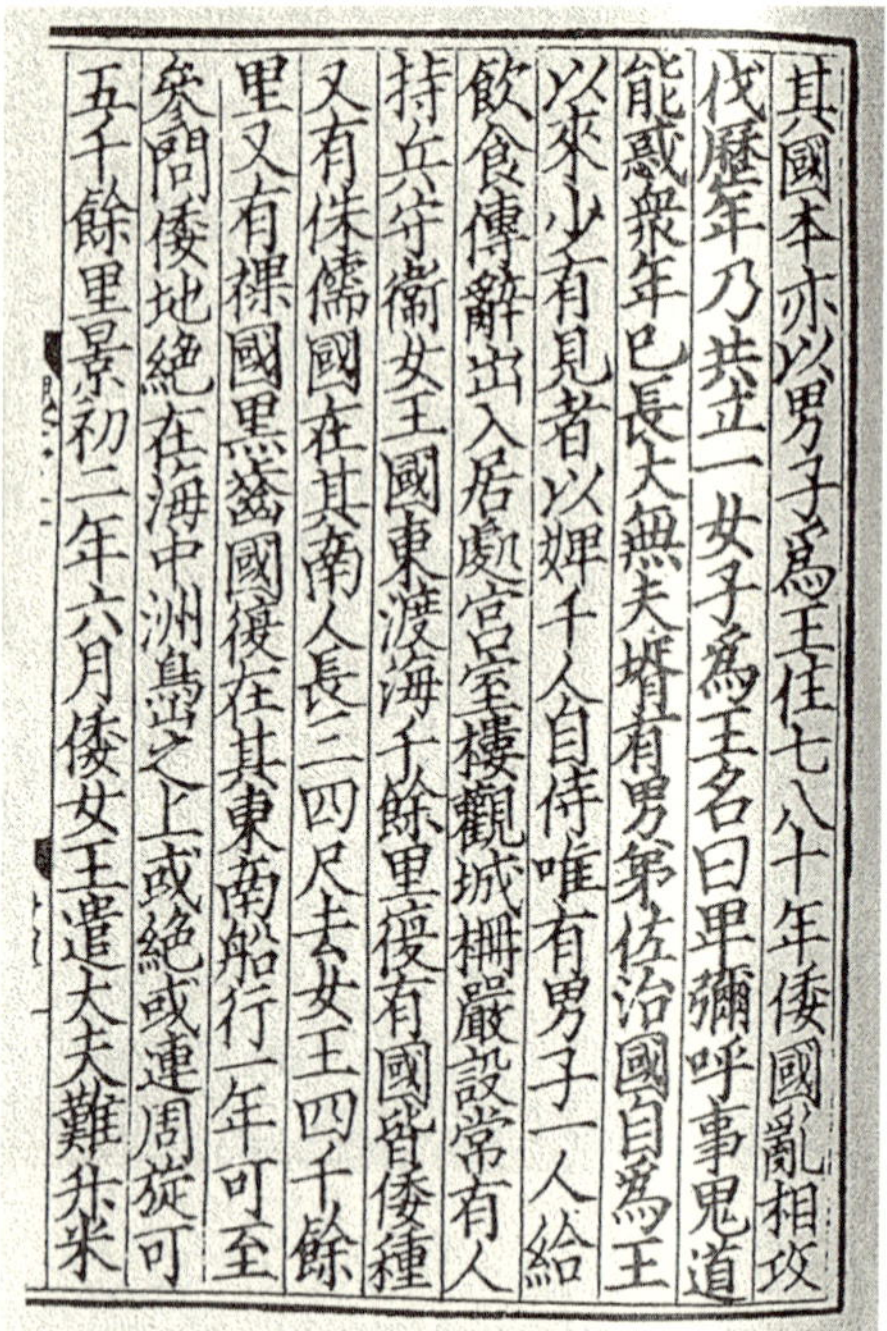
其國本亦以男子爲王住七八十年倭國亂相攻
伐歷年乃共立一女子爲王名曰卑彌呼事鬼道
能惑衆年已長大無夫壻有男弟佐治國自爲王
以來少有見者以婢千人自侍唯有男子一人給
飲食傳辭出入居處宮室樓觀城柵嚴設常有人
持兵守衛女王國東渡海千餘里復有國皆倭種
又有侏儒國在其南人長三四尺去女王四千餘
里又有裸國黒齒國復在其東南船行一年可至
參問倭地絶在海中洲島之上或絶或連周旋可
五千餘里景初二年六月倭女王遣大夫難升米

参考　『魏書』東夷伝倭人条（東洋文庫）

出てくる「卑弥呼《ひみこ》」という人名をあげたが、そこでは、「卑」「弥」「呼」が、漢字としての意味を棚上げして、当時の日本語の発音をあらわす字として使われている。この方法が中国周辺の諸国に輸入されて、その国のことがらを書いた漢文や変体漢文のなかの固有語を書きあらわすのに用いられた。その日本語版が万葉仮名になる。

この方法は、はじめは固有名詞の類に適用された。当然ながら、それを書くための漢字が存在しないからである。日本語の助詞や助動詞を書くための漢字もない。中国語の助辞の類の訓よみを応用したり万葉仮名をあてることによってそれらを書くようになるのは時代が降る。助詞や助動詞を文字化するということは、文の形も、漢文すなわち古典中国語ではなく日本語の文であるとわかるように書きあらわすということである。それが行われるようになったのは、たぶん六世紀の後半であろう。今のところ確証はないが、行われた動因は、歌の語句を書いたり詳細な事情を説明するために日本語の文の形を明瞭に示す必要が生じたからだと考えられる。

万葉仮名は、一般化すれば次のような定義になる。ⅰそれぞれの字は、本来の漢字としての意味用法にかかわりなく、表音価値を利用して日本語の発音を書きあらわすのに用いられる。漢字の音よみを借りたものが多いが、訓よみを借りたものも古くからある。ⅱしかし、字の形は基本的に漢字の字体の範疇にある。ⅲそして、使われている字の群を表にすると、日本語の音節表との対応関係が成り立つ状態になっている。ただ、実際の用例、とくに出土資料に書かれた万葉仮名は、ⅰの条件に照らせば、表意兼用のものがしばしばあり、とくに訓よみを借りた万葉仮名は本来の漢字として訓でよむものとの境があいまいである。ⅱに照らせば「つ」「ム」のように早くから平仮名・片仮名と同じ字形のものがある（春日政治「仮名発達史序説」（『春日政治著作集』勉誠社一九八四など参照））。ⅲに照らしても、濁音を区別して表示しないし、いわゆる上代特殊仮名遣いに関しても例外が多い。

借音仮名

万葉仮名のうち漢字の音よみを借りて一字一音式に日本語の発音を書きあらわすものを「音仮名《おんがな》」と呼ぶ。「借音仮名《しゃくおんがな》」とも呼ぶ。これが仮借の直系である。音仮名を仮借と区別するとすれば、借用する漢字の音よみが日本風になまっていて漢字音そのものではないというところに求められる。ただし、なまりの程度に一線を引いてここまでが仮借でここからが音仮名と区別することはできない。現代にたとえるなら、英語らしい発音と日本語なまりとを線引きして区別することはできないであろう。しかし、西暦七〇〇年頃の中国の正統的な漢字音を基準とすれば、以下に述べる音仮名の三層のうち、古韓音によるものはそれぞれの字の音よみから離れる度合いが大きく、字の「飼い慣らし」がすすんでいると言える。漢音によるものはその対極にある。

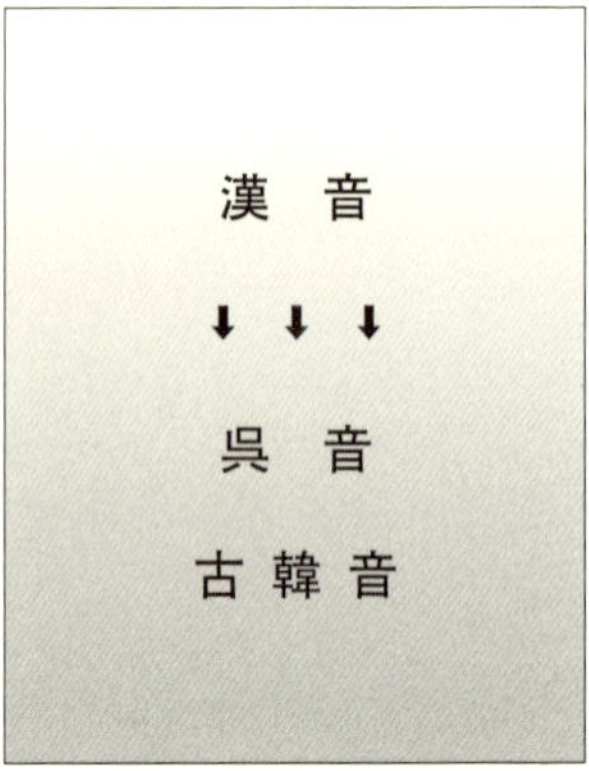

万葉仮名の三層の区別

　音仮名を、借用して日本語の発音にあてる漢字音の時代的な違いによって、最小限三層に分けることができる。最古層に古韓音による音仮名が位置付けられる。古韓音については前章に述べた。たとえば「止」は日本語のト乙類をあらわす万葉仮名として、七、八世紀の木簡でさかんに使われている。奈良薬師寺の仏足跡歌碑（七五三年造）や八世紀の正倉院文書のなかの固有名詞の表記なども「止」を多く使う。他に「宜」をガに、「支」をキ甲類に、「里」をロ乙類に、「移」をヤにあてるものなどが古韓音による。次に古いのが呉音によるものであり、最新の層をなすのが漢音によるものである。漢音と呉音についても前章に述べた。たとえば「弥」は古事記（七一二年成立）や万葉集では日本語のミ甲類にあてて使われているが、日本書紀（七二〇年成立）の歌謡ではビ甲類をあらわす万葉仮名として使われている。現代、異体字の「彌」で書く「彌久」をビキュウと音よみし「弥勒」をミロクと音よみすることなどから知られるように、この相違は日本の漢字音の漢音と呉音に対応する。「宜」も、呉音でゲ乙類の万葉仮名として使われたり漢音でギ乙類の万葉仮名として使われたりしている。

この三層の別は、それらの万葉仮名を使って書かれた文献の性格と対応する。漢音による音仮名は正式の漢文体や学問的な性格の文献に使われている。呉音による音仮名は文学作品や公的な文献に広く使われている。古韓音による音仮名の使用は木簡をはじめとする実用的な場で目立つ。これを図式化すると、八世紀の初頭、以前から普及していた呉音と古韓音による音仮名が一般に使われているところに、新来の漢音による音仮名が教養層から注入されたということになる。先に漢字の音よみの新旧について述べたが、それを借りて日本語の発音を書きあらわす万葉仮名の使用にも新旧があり、その新旧が、書こうとする内容の相違や文章を書く場面の相違に投影していたのである。これについて詳しくは第九章で述べる。

借訓仮名

万葉仮名のうち漢字の訓よみを借りて日本語の発音を一字一音式に書きあらわすものを「訓仮名《くんがな》」と呼ぶ。「借訓仮名《しゃくくんがな》」とも呼ぶ。たとえば大宝二年度の美濃国戸籍には、「眞」の訓よみマを使って「ありま」という人名を「阿利眞」のように書きあらわしたり、「屋」の訓よみヤを使って「あや」という人名を「阿屋」のように書きあらわした例がある。「眞」「屋」という漢字の本来の意味も、訓よみの日本語としての意味用法も、切り捨てられている。

七世紀には一般に借音と借訓とを区別する意識が乏しかったらしい。奈良県の飛鳥池遺跡などから歌や固有名詞を万葉仮名で書いた木簡が出土するが、それらの表記には音仮名にまじえて訓仮名が使われている例がめずらしくない。八世紀に入ると、漢字を訓よみで使うか日本語の表音表記に使うかを区別する意識が明瞭になる。その意識によって、古事記、日本書紀、万葉集では、表音表記すなわち万葉仮名の用法には音仮名を専用するようになる。そして訓仮名は漢字の意味を想起させるのであまり使われなくなる。まれに音仮名とともに使われた例もあるが、たとえば「あやめ草」を「安夜女具佐」と書きあらわしている（万葉集巻二十の四〇八九番歌等）ように、漢字としての意味を意識して使ったことがうかがわれる。

ただし、それは八世紀においても「晴《はれ》」の場での漢字使用に関する現象であって、木簡などの「褻《け》」の場では七世紀以来の状態が続いていたらしい。「褻」の場では、字体と日本語の発音が密

下　矢田部子毛人
（静岡県郡遺跡出土木簡、木簡学会『日本古代木簡選』P.68、岩波書店、1990年）より

着して「飼い慣らし」がすすみ、古韓音による万葉仮名とともに借訓の万葉仮名を使い続けていた。たとえば「部」は氏族に従属する伴部の「べ」をあらわすが、旁の「阝」だけに略して書く習慣が朝鮮半島で確立し、日本列島にも輸入されて七世紀に頻用された。八世紀の日本では、これを曲線的に書きくずすとともに、もとの「べ」の意味を切り捨てて、訓よみを借りて日本語のへという発音を一般的にあらわすようになった。前頁の図版と第十章に掲げる『正倉院万葉仮名文書』甲の図版を参照されたい。こうしてできたのが仮名の「へ」である。このような事情で、平仮名・片仮名の字源にはいくつかの訓仮名が含まれている。

第七章　漢字と日本語との接触―八世紀の兄弟姉妹概念と語彙

以上みてきたようにして漢字の訓よみと万葉仮名で日本語の語を書く方法が整備されたのであるが、先に第四章の末尾で述べたように、漢字と固有語との接触は、相互に「飼い慣らし」と「鋳直し」とをもたらした。この章では、日本語の家族関係の語彙、なかでも兄弟姉妹をあらわす語彙と漢字との出会い、そしてその結果日本語に起きた体系の変化を述べる。

家族関係をあらわす語彙はそれぞれの言語に必ず存在する基本語彙であるが、意外に変化しやすいところもある。社会生活の様態が変わると親族の呼称の必要性も変わるからである。たとえば現代語で「おじ」と呼ぶ親族は漢字で書くと「伯父」「叔父」の二つになる。つまり法的な必要性があるときに文字の上で区別するが、日本語は一つしかないということである。「おじ」という語は、親族でないある年齢の男性をさして使うこともある。むしろそれが原義である。日本書紀の皇極天皇紀の歌謡に「かまししのをぢ」という例がある。たくましい羚羊を壮年男性にたとえた用法である。古代語の「をぢ」は、「を」が壮なること、「ち」は優れた男をさす要素である。「を」は若いことをさす「をと」と通じ、「ち」はおそらく「父」の「ち」と通じる。古代の日本語では、父母の兄弟たちをとくに区別せず「壮男」の意味で「をぢ」と呼んだのであろう。五、六世紀に、行政上、親族の血縁関係を区別して記録する必要が生じたとき、この「をぢ」を「伯父」「叔父」の翻訳にあてたが、日本語は二つに分かれなかったのである。英語の brother が年齢の上下を区別しないことを思い起こしていただきたい。

このようなことは他の親族語彙も同様であった。大宝二（七〇二）年度に全国で戸籍が編纂された。そのうち美濃《みの》と筑前《ちくぜん》、豊前《ぶぜん》、豊後《ぶんご》のものの一部分が奈良の正倉院にまとまって残っている。養老五（七二一）年度の下総《しもうさ》の戸籍の一部分も残っている。それらをみると現代人には不合理に思われる人名が少なくない。幼少の男の子の名が「祖父《おほぢ》」であったり、「妹賣」の妹が「姉賣」であったりする。「おほぢ」は「をぢ」と対をなす語で、「大いなる男」の意であり、年齢と経験を積み重ねた男性の呼称であったものが「祖父」の翻訳にあてられたのであろう。この人名は原義で命名が行われ、しかも表記には「鋳直された」意味用法を書きあらわすために使う漢字をあてているのである。同様に、「いも」「あね」も本来は姉妹関係をあらわす語ではなかった。

以下、八世紀に編纂された戸籍と、その基本台帳であった計帳を資料として、史的変化の経緯を述べる。八世紀の戸籍や計帳の実態がどのようなものであったか知りたいときは、『大日本古文書《だいにほんこもんじょ》』（冨山房一九〇一。復刻版は東京大学出版会一九八二）と『寧楽遺文《ならいぶん》』（東京堂出版一九六五）に活字化されている。一九九〇年から八木書店が刊行した写真版もある。実物は毎年秋に行われる正倉院展に二、三点ずつ公開される。また、佐倉市の国立歴史民俗博物館は常設展示に複製を出している。

七の1　「兄・姉・弟・妹」字と古代日本語とのくいちがい

現代日本語の兄弟姉妹の概念は、年齢の上下と性別との二つの軸による四分割の体系をなしている。そのそれぞれの座標には、基本型として「あに・おとうと・あね・いもうと」という語が位置している。それらの語彙には「兄・弟・姉・妹」字があてられる。語彙と漢字のあらわす概念との間にくいちがいはない。現代中国でも「姉」にかえて「姐」を使うほかは同じである。古代日本語は、そうではなかった。漢字「兄・弟・姉・妹」のあらわす意味は現代と同じであったが、日本語の語彙体系が大きく異なっていたので、語彙と漢字のあらわす本来の概念との間に大きなくいちがいがあった。しかも、その語彙体系は変化の途上にあった。

「いも」「せ」は年齢の上下にかかわらなかった

かなり以前の研究であるが、品川滋子氏が、上代の兄弟姉妹の語彙は、本書の筆者が図①に書き改めてあらわしたような体系をなしていたと述べている（「イモ・セの用語からみた家族・婚姻制度」『文学』二七巻七号　一九五九、七）。万葉集、古事記、日本書紀の用例を網羅的に調査して帰納された結論である。

品川氏はこれを当時の婚姻制度に結び付けて論じた。古代語「いも」は姉妹だけでなく妻や恋人をさすときにも使われたからである。たとえば「いもせの仲」というときは兄と妹の血縁ではなく男女間の親しさを表現するのがふつうである。婚姻制度と結び付けることについては布村一夫氏が厳しく批判した（「セ・ト・ネ・モ」『文学』二八巻一一号一九六〇、一一、「民族学が国語学と接するところⅡ」『教育国語』昭和五六年三月号 一九六一、三）が、本書では、その問題には立ち入らない。日本語の語彙の問題として見る限り、兄弟姉妹の間柄で「いも」「せ」を使うときは、男女を区別するが姉妹の年齢の上下を区別しなかったのは確実である。たとえば古事記の上巻の記事では、姉である天照大神が弟である素戔嗚尊をさして「せ」で呼び、素戔嗚尊は天照大神を「いも」で呼んでいる。

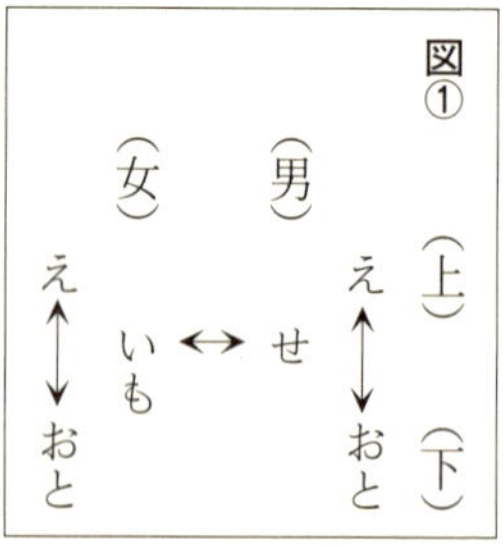

図①

　右の図から推定できることは次のとおりである。かつての日本語では、兄弟姉妹の間柄を認識するとき、それを表現する語彙は年齢の上下しかなかった。「え」「おと」である。兄弟と姉妹との区別、すなわち男女を区別するときは「せ」「いも」を使うことができたが、それは親しい間柄の男性または女性をさす語を、その文脈に適用したにすぎない。同じ親から生まれて身近に居る男性と、もとは他人の家族であって今は愛し合っている男性とを同じ語で呼んだということである。

「あね」は特別な語、「あに」はなかった

兄弟姉妹の語彙として他に「あに」「あね」があるではないかと疑問をもった読者があるかもしれない。実は、「あに」という語が八世紀以前に存在したことは証明されていない。端的に言うと、従来の注釈は、八世紀以前の文献中に出てくる「兄」字に、平安時代以後の文献にあらわれる「あに」という訓をあてて事足れりとしていたのが実情である。後に述べるとおり、兄をあらわす「あに」という語が存在していたか否かについて本書の筆者は否定的である。奈良時代の文献中の「兄」字をすべて「え」の語をあてて訓よみしても、とくに支障が生じない。ことさらに男性かつ年上という情報を必要とするような意味内容を述べた文脈もみつからない。

姉をあらわす「あね」という語は八世紀以前に存在していたが、これも後に述べるとおり、「いも・せ」「え・おと」とは次元の異なる語であった。姉妹の血縁関係をあらわすよりは、女性でかつ家族を統率する立場にあるような人をさす語であったようである。現代の「ねえさん」が親族でない女性をさすときがあるのは、かえって原義に近い意味用法と考えられる。年が上の女性を敬って呼んだり、集団のリーダーをさしたり、方言によっては一家の主婦をさしたりする用法のことである。

日本戸籍の独自性

この問題を考える上で最適の資料は、先に紹介した八世紀の戸籍と計帳の類である。古事記と

日本書紀の用例についても筆者は調査しているが、本書では省く。七世紀後半以降、律令制度の施行に伴って全国で戸籍が作成された。八世紀に作成されたものの一部が現存するわけである。当然ながら、その様式は古代中国の律令制度による戸籍・計帳にならっている。国により、郡によって、様式に多かれ少なかれ相違があり、それぞれに中国の様式と一致しないところがある（竹内理三氏ら「［輪講］戸令・戸籍・計帳」（『日本歴史』第一五一～三号　一九六一、一～三）、南部昇氏『日本古代戸籍の研究』吉川弘文館　一九九二など参照）。しかし、様式の全体が日本独自のものであったとは考えられない。そのため、ともすれば、それらを書くために使われている漢字も、人名の表記を除けば、中国の本来の意味用法によっているという先入見でみてしまう。ところが、実際には、漢字の用法は日本独自のものになっているところが少なくない。ここに述べようとする家族関係をあらわす漢字の用法も、多くがそうである。それが古代日本の家族概念とその語彙体系を知る手がかりになる。

七の2　大宝二年度美濃国戸籍の「兄・弟・妹」

左は、大宝二年（七〇二）の美濃（原本は「御野」）国の戸籍に記載された一戸である。本文は『大日本古文書』によったが、便宜上、表記を改めたところがある。「下々」はこの家族の等級を示す。人名の下に年齢が書かれ、その区分が「正丁」「小子」「緑児」「正女」「少女」「小女」で示されている。課税の基準になることがらである。家族関係のうち、直系の男の子は「子」、女の子は「児」で示されている。「次」は直系の弟または妹であることを示す。「同党」は現在のいとこ、「同党妹」はいとこのうち女であるものをさすと推定されている。

下々戸主久比 年三十 正丁	嫡子与理 年一 緑児	戸主兄伊怒 年三十一 正丁
戸主同党椋人 年三十七 正丁	嫡子黒麻呂 年十二 小子	次赤麻呂 年六 小子
次忍麻呂 年三 緑児	椋人弟止伎麻呂 年二十二 正丁	次阿止里 年十五 小子
椋人妹大相賣 年四十二 正女	児秦人刀自賣 年三 小女	次廣庭賣 年三 小女
大相賣弟志都賣 年十一 少女	椋人妻物部多都賣 年三十四 正女	児須比賣 年六 小女
戸主同党妹麻留賣 年十七 少女		

まず年齢を確認しておこう。戸主「久比《くひ》」は三十歳である。その「兄」「伊怒《いぬ》」は三十一歳である。二行目上段「同党」の「椋人《くらひと》」は三十七歳である。三行目中段の、その「弟」「止伎麻呂《ときまろ》」は二十二歳である。四行目上段の「妹」「大相賣《おほさがめ》」は四十二歳であり、椋人より年上である。そ

して、大相売と五行目上段の「志《し》都《づ》賣」との間柄は「弟」であらわされている。年齢の差三十一歳はいささか奇異で、本当は母子ではないかと疑われるが、論理矛盾にはならない。最終行の「麻《ま》留《る》賣」は久比より年下の十七歳である。

この「兄」「弟」「妹」字の用法をみると、「兄」は兄弟のうち年上のもの、「弟」は兄弟のうち年下のものと姉妹のうち年下のもの、「妹」は年齢にかかわらず男子を視点として姉妹にあたるものをあらわしている。椋人三十七歳と大相賣四十二歳の間柄が「妹」であらわされていること

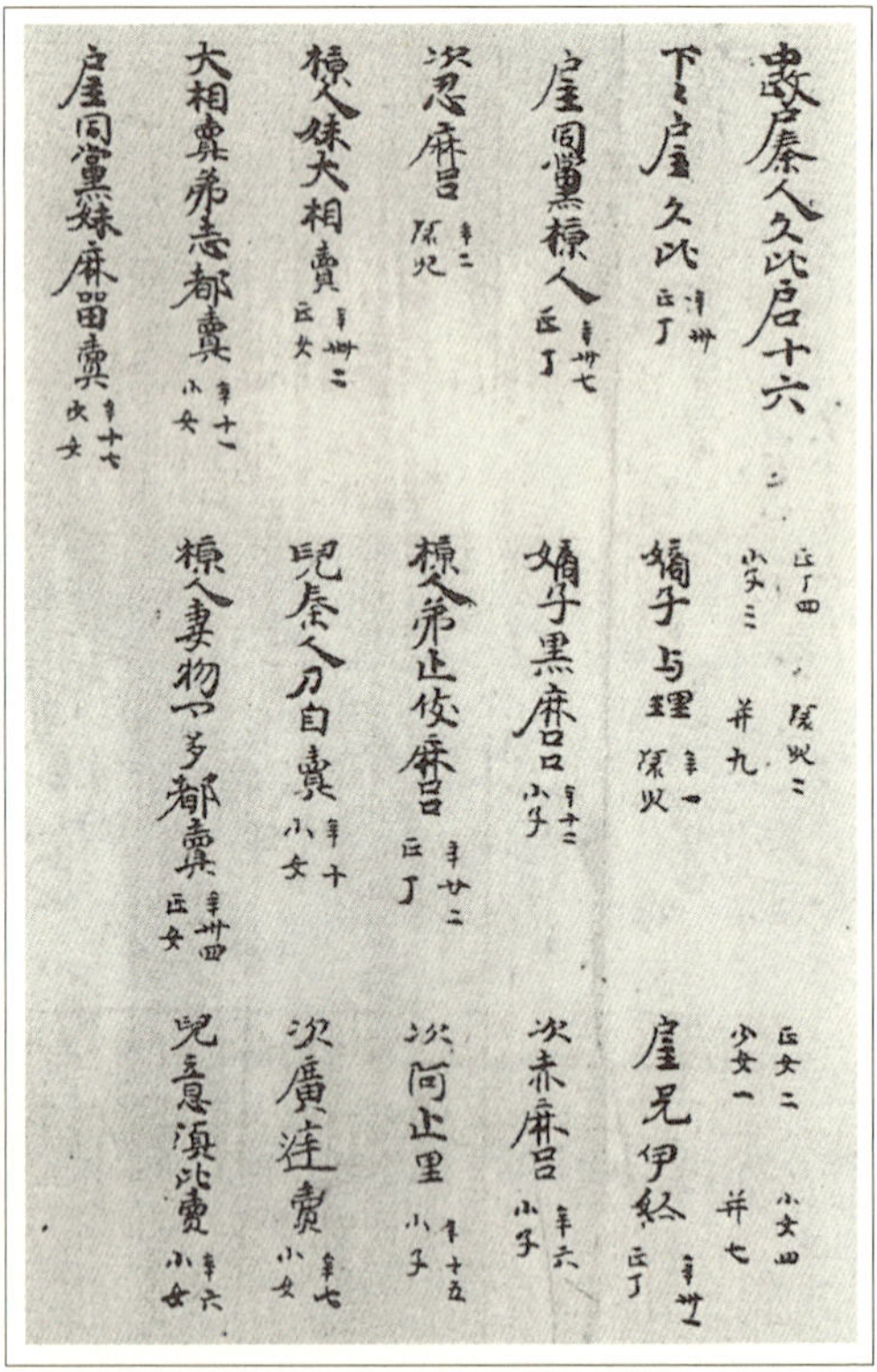

図5　美濃国戸籍（宮内庁正倉院事務所『正倉院古文書影印集成』八木書店、1992年、38頁より）

に注意されたい。このような「妹」字の用法は筆者が調査した限りでは中国の戸籍にない。ただ、池田温氏の『中国古代籍帳研究』（東大出版会一九七九）をみると、唐代の敦煌《とんこう》郡戸籍に戸主が四十三歳でその「妹」が四十八歳の例がある（同書一九二～三頁）。この例外は、錯誤か、あるいは日本の場合と同様の事情か、筆者の知識では判断できない。念のため述べておくが、右の椋人の「妻」は次の行に「物部多都賣《もののべのたつめ》」が記載されている。当時は配偶者の両方を「つま」と呼んだので、この「妻」の訓よみは「め」である。

図②

〔上〕　〔下〕

〔男〕　兄 ↔ 弟　　え ↔ おと

　　＊ ↔ 妹　　＊ ↔ いも

〔女〕　＊ ↔ 弟　　＊ ↔ おと

飛鳥浄御原宮の井戸の遺構（写真提供：奈良県橿原考古学研究所）

この戸籍の他の戸の記述をみても「兄」「弟」「妹」字の用法は同じである。そして、この戸籍の人名には「姉」字を使って命名されたものがあるが、家族関係の表示に「姉」字は使われていない。従って、美濃戸籍の兄弟姉妹の間柄のとらえかたは図②のようになる。構造が図①と同じであるから、語彙の体系も同じであろう。女子を視点として兄弟にあたるものと、女子を視点として姉にあたるものをあらわす漢字の用例がないのは、戸籍が男子である戸主を基準にして書かれているためである。もしもあらわれるとすれば＊の位置であるが、「妹」字の用法から推測して、「せ」に相当するものと、「弟」字の用法から推測して「え」にあたるものが期待される。

七の3　大宝二年度九州三戸籍の「兄・弟・娣・妹・姉」

豊前、豊後、筑前、九州三国の戸籍は、同じ大宝二年度のものであるが、実際には一年か二年遅れて完成したことが確実である。美濃戸籍が七世紀に制定された浄御原令《きよみがはらりょう》の古い造籍式によるのに対して、大宝令《たいほうりょう》の新しい造籍式によったので、編成し直したのではないかと言われている（宮本救氏「戸籍・計帳」（『古代の日本9研究資料』角川書店一九七一）など参照）。美濃戸籍とは全体の形式が異なるだけでなく、兄弟姉妹の間柄をあらわす漢字の用法も異なる。

「兄」字の用法は美濃戸籍と同じである。用例は省略する。「妹」字も、美濃戸籍と同じく、年上の姉妹にも用いられる。実は、統計的にみると相違があるのだが、それについては後で述べる。

左に豊前戸籍に記載された一戸を例示する。戸主の「廣《ひろ》」の年齢は「比礼賣《ひれめ》」と「犬手賣《いぬてめ》」の間になる。つまり、年齢の上下にかかわらず廣からみて比礼賣も犬手賣も「妹」であると表示されている。ところで、廣の妻は「猪手賣」であり、「女」で表示されている二人の娘は同じ「手」に十二支の「うし」「ね」を付けて命名されている。「男」で表示されている末の男の子も「ひつじ」で命名されている。この夫妻は同じ秦部同士で結婚しているが、どうやら一族のうち母方の祖母が娘たち孫たちに十二支シリーズで命名したらしい。この当時、生まれた子の名は母方が付ける慣習であった。八世紀の戸籍の人名をよむとこのような楽しみを発見できるが、寄り道はここまでにして本筋に戻ろう。

秦部廣、	年三十二歳	正丁
妻秦部猪手賣、	年二十七歳	丁妻
男秦部羊、	年四歳	小子
女秦部牛手賣、	年十一歳	小女
女秦部根手賣、	年二歳	緑女
妹秦部比礼賣、	年三十四歳	丁女
妹秦部犬手賣、	年二十九歳	丁女

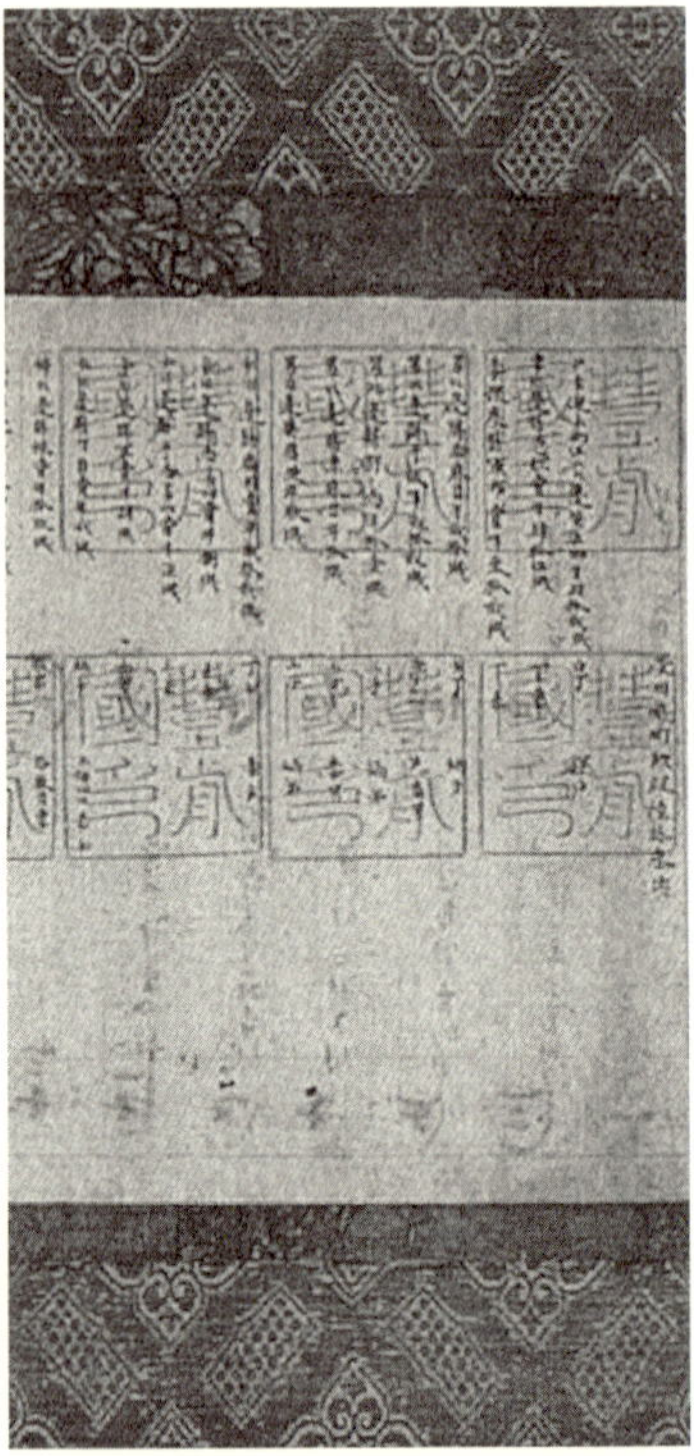

大宝二年豊前国戸籍断簡（奈良国立博物館蔵）

九州の戸籍では、「弟」字は、兄弟のうち年下のものに限って用いられ、姉妹のうち年下のものには「娣」字が用いられる。この点は美濃戸籍と異なる。左に筑前戸籍に記載された一戸を例示する。

戸主「荒人《あらひと》」に対して六行目の「赤麻呂《あかまろ》」は「従子」の関係にあり、十行目の「志非《しひ》」、十二行目の「赤根賣《あかねめ》」、十四行目の「古婆賣《こばめ》」は、赤麻呂の「弟」「妹」である。ところが、十五、六行目の「比佐豆賣《ひさづめ》」と「伊佐賣《いさめ》」との間柄は「娣」であらわされている。この二人は、他の家族と姓が異なることと、末行の注記から知られるとおり、赤麻呂の「妻」である「吉備部岐多奈賣《きびべのきたなめ》」が先夫との間にもうけた姉妹であって、何らかの事情により、この戸の籍に記載されているのである。

戸主大神部荒人、年五十七歳　正丁　課戸
妻中臣部与利賣、年六十七歳　耆妻

男大神部伊止甫、年二十六歳　兵士　嫡子
女大神部妹津賣、年十六歳　小女　嫡女
女大神部嶋垂賣、年二歳　緑女　先妾女
従子大神部赤麻呂、年四十歳　正丁
妻吉備部岐多奈賣、年五十歳　丁妻
男大神部廣國、年六歳　小子　嫡子
女大神部廣國賣、年九歳　小女　嫡女
弟大神部志非、年三十五歳　正丁
妻宗我部牛賣、年三十三歳　丁妻
妹大神部赤根賣、年三十六歳　丁女
男大神部泥麻呂、年十三歳　小子
妹大神部古婆賣、年十六歳　小女
卜部比佐豆賣、年二十三歳　丁女
娣卜部伊佐賣、年十六歳　小女　上件二口、支多奈賣先夫女

「娣」は姉妹のうちの「おと」

この「娣」字は、本来の漢字としては同母の妹をあらわす。「妹」字が同母・異母の区別なく

妹をあらわすのに対して、とくにその区別をするときに使う字である。しかし、筑前戸籍においては、「妹」字が年齢にかかわらず男子を視点として姉妹にあたるものをあらわしているのだから、この「娣」字は妹のうち同母であるものをあらわすために使われているのではない。これは、姉妹のうち年下のものが、当時も、「おと」の語形でよばれていたことを示すと解釈すべきであろう。文字の上では「弟」と「娣」とで男女が区別されているが、日本語は「おと」一つであったということである。戸籍は六年に一回作成される「晴《はれ》」の性格が濃い公文書である。そのために、文化的に先進地域であった九州では、特殊な「娣」字が用いられたのであろうか。それにしても、この用法は中国の本来の意味用法とは異なり、日本独自のものになっている。おそらく、漢字の本来の意味を知ってか知らずか、「女」で「弟《おと》」であるものという理解で使っているのであろう。これは憶測であるがまず間違いない。日本書紀には「女弟」と書いて女性を視点として年下の姉妹をさした用例がある。神代巻の「豊玉姫」と「玉依姫」との間柄である。

念のために述べておくが、「娣」字は、使われている文脈が限られる。すべて、右の例のようにその家族内で戸主からみて傍系の血縁に属する姉妹か、または奴婢の姉妹の間柄に用いられているのである。しかし、これは、漢字としての意味用法には関係のないことである。直系の家族であれば誰それの「妹」とされるところ、その二人だけの間柄を表示する必要から生じた現象である。特殊な家族関係をあらわすために用いられたのではない。

さらに、九州の戸籍には、美濃戸籍と異なり、家族関係の姉をあらわす「姉」字が使われている。左に豊前戸籍に記載された一戸を例示する。最終行に「姉」字が使われている。「秦部宇利《うり》」の「妻」である「春日部咋賣《くひめ》」が先夫との間にもうけた男の子とその姉との間柄を「姉」字で表示したものである。男子を視点として年上の姉妹にあたるから、その間柄を「姉」で示すこと自体には問題がない。しかし、男子からみて年上の姉妹に、ふつうは「妹」字を用いるところ、ここには「姉」字を用いている理由が問われなければならない。何か別の概念があらわされているはずである。

戸主秦部阿迩、年五十五歳　残疾　課戸
（中略）
秦部宇利、年四十歳　正丁　寄口
母秦部須古太賣、年六十二歳　老女
妻春日部咋賣、年四十四歳　丁妻
男秦部宇提、年一歳　緑児　嫡子
女秦部尾賣、年九歳　小女　嫡女
弟秦部飢、年三十五歳　正丁
妹秦部泥牟賣、年二十八歳　丁女
女秦部犬賣、年三歳　緑女

甥秦部猪手、年二十五歳　正丁
母秦部黒目賣、年五十二歳　丁女
弟秦部刀良、年二十二歳　正丁
妹秦部刀良賣、年十七歳　次女
秦部刀良、年十四歳　小子
姉秦部小赤賣、年二十一歳　丁女　上件二口、咋賣先夫男女

「姉」は「女かつ年上」

これまでに見てきた「兄」「弟」「娣」「妹」字は、すべて、年齢の上下と性別のいずれか一つの概念をあらわしていた。「兄」字は、用いる対象によって、事実として男性であるものも女性でもあるものも、同じ「年長者」という概念でさし示している。「妹」字は、用いる対象によって、事実として年長者でもあるものも年少者でもあるものも、同じ「近親の女性」という概念でさし示している。しかし、古事記には女性を視点として年上の姉妹にあたるものを「姉」字であらわした例がある。上巻の後半に「大山津見神《おほやまつみのみこと》」が「石長比賣《いはながひめ》」「木花之佐久夜比賣《このはなのさくやひめ》」姉

図③

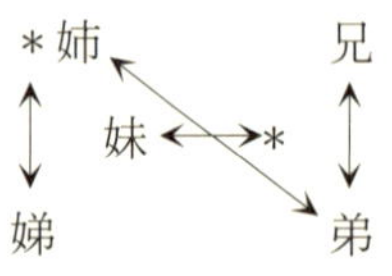

妹のうち姉との婚姻を拒んだために天皇は不死でなくなったという説話がある。その記事で「木花之佐久夜比賣」は「石長比賣」を「我姉」と呼んでいる。このように「姉」字は、常に「女かつ年上」という概念で用いられているのである。従って、「え」のうち女性であるものとも、「いも」のうち年上であるものとも、別の語に相当すると考えなくてはならない。それは、「あね」であろう。

「あね」という語については後に詳しく述べるとして、九州戸籍の兄弟姉妹の間柄のとらえかたは、文字の上では図③のようになる。

七の4　養老五年度下総国戸籍の「兄・弟・娣・妹・姉」

養老五年（七二一）度の下総国戸籍は、成立は新しいが、漢字の用法をみると、九州戸籍よりも古い様相がある。「兄」字の用法は美濃戸籍と同じである。用例は省略する。「妹」字も、美濃戸籍と同じく、年上の姉妹にも用いられる。たとえば左の「眞國《まくに》」の年齢は「眞若賣《まわか》」と同じであり、「弟若賣《おとわか》」と「眞宮賣《まみや》」の間になる。

戸主孔王部眞國、年二十一歳　正丁
妹孔王部弟若賣、年二十八歳　丁女

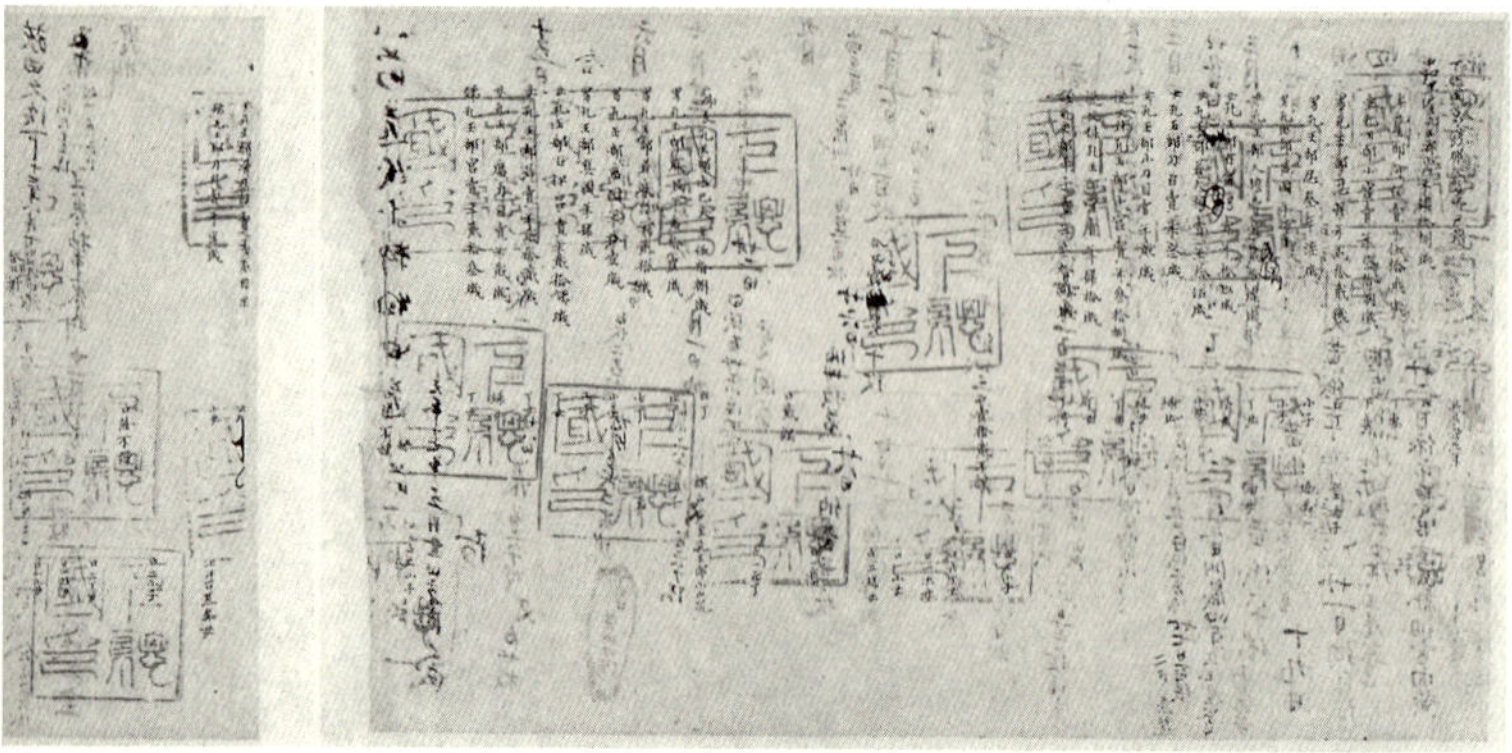

下総国葛飾郡大嶋郡養老五年戸籍主帳（正倉院蔵、『古代日本 文字のある風景』、2002年）より

妹孔王部眞若賣、年二十一歳　丁女
妹孔王部眞宮賣、年十五歳　小女
妹孔王部眞刀自賣、年五歳　小女

（後略）

「弟」字の用法は美濃戸籍と一致する。左の「刀良《とら》」と「小刀良《をとら》」、「伎弥《きみ》賣」と「宮《みや》賣」の間柄のように、兄弟のうち年下のものと姉妹のうち年下のものとをあらわしている。この戸籍にも「娣」字が使われているが、妹をあらわす用法ではない。一説に兄弟の娘をあらわしたものかと推定されている（南部氏前掲書）が、不明である。本来の漢字としての「娣」字のもう一つの意味「母の妹」に由来する何らかの曲用であろうか。総じて、このように、日本の古代戸籍は、中国の様式を正確に知らないままに作成されたのではないかと疑わせるふしが多い。このことは次に述べる事項にもかかわる。また、「従父弟」は男のいとこのうち年下の者、「外従父妹」は女のいと

このうち父の姉妹をあらわすと推定されている。それらの文字連鎖のなかでの「弟」「妹」字の用法も、単独の場合の用法と一致する。

戸孔王部刀良、年三十一歳　正丁
男孔王部古徳麻呂、年二歳　緑児
弟孔王部小刀良、年三十歳　正丁
姉孔王部若賣、年四十七歳　丁女
妹孔王部古都賣、年三十九歳　丁女
従父弟孔王部古秦、年二十五歳　正丁
女孔王部廣刀自賣、年二歳　緑女
外従父妹孔王部佐弥賣、年五十三歳　丁女
弟孔王部宮賣、年五十一歳　丁女

「姉」の用法の錯綜

そして、この戸籍にも「姉」字が使われているが、その用例は奇妙な状態になっている。右に示した刀良の戸では、「若賣《わか》」と「古都賣《こづ》」が二人とも刀良より年上であるにもかかわらず、「姉」

と「妹」とに区別されているように見える。また、左の「長《をさ》」の戸では、長の二人の姉が「姉」とされているのは問題ないが、「井代《いで》」の三人の姉妹のうち「徳刀自賣《とことじ》」は年下であるにもかかわらず、「伊怒賣《いぬ》」以下すべてが「姉」とされている。

戸主孔王部長、年二十二歳　正丁
　姉孔王部古伎賣、年四十二歳　丁女
　姉孔王部小伎賣、年二十三歳　丁女
　従父兄孔王部井代、年三十六歳　正丁
　姉孔王部伊怒賣、年五十四歳　丁女
　姉孔王部刀自賣、年四十六歳　丁女
　姉孔王部徳刀自賣、年二十七歳　丁女
　姪孔王部加良賣、年五十歳　丁女
　女孔王部手子賣、年七歳　小女

このような手続きで用例全体をみると、下総戸籍の「姉」字の用法は、姉妹がその「姉」以外に書かれていない例を除いて、次の二つのいずれかにあてはまる。刀良の戸のように年齢にかかわらず姉妹のうち最年長の者を「姉」としているか、長の戸のように年齢にかかわらず姉妹をすべて「姉」としているかである。長と二人の姉、一人の妹との間柄も、年齢にかかわらず姉妹をすべて「姉」とした例に含めることができる。

この現象は、次の経緯を仮設とすれば整合的に説明できる。もとは、美濃戸籍と同じく、男子を視点として姉妹にあたるものを年齢の上下にかかわらず「妹」であらわしていた。そこへ「姉」字が導入されたが、その意味用法が正しく理解されていなかった。そのため、年齢を考慮せず姉妹のうち一人を「姉」としたり、もとの「妹」をすべて機械的に「姉」に改めるような混乱が生じた。

図④

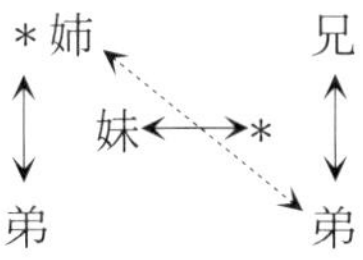

右の仮設が正しいとすれば、「姉」であらわされる概念は、古くは日本語の兄弟姉妹の語彙の体系に存在しなかったことになる。または、存在したとしても、戸籍が編纂された初期には必要でなかったことになる。この問題についても後に改めて述べるとして、下総戸籍の兄弟姉妹の間柄のとらえかたは、文字の上では図④のようになる。この構造は美濃戸籍と九州戸籍の中間に位置付けることができる。

七の5　計帳の「兄・弟・妹・姉」と奴婢籍帳の「妹」

計帳は、基本台帳として毎年作成されていた。正倉院には八世紀の計帳が数点残っている。それらの家族関係を表示した漢字の用法も戸籍とほぼ同じである。「兄」字は男女にかかわらず年上、「弟」字は男女にかかわらず年下を示している。九州の戸籍に使われている「娣」字は特別な用字だったらしく、計帳の類には使われていない。「妹」字は年齢の上下にかかわらず男性からみた姉妹を示している。「姉」字は戸籍の用法と少し異なるようにみえるところもある。例として神亀三年（七二六）の山城国愛宕郡雲里《やましろのくにのあたごのこほりのくものさと》計帳に記載された家族を示す。

戸主出雲臣族足桙、年三十五歳　正丁
　弟出雲臣族忍人、年十六歳　小子
　弟出雲臣族桑、年十三歳　小子
　姉出雲臣族三木賣、年四十歳　丁女
　姉出雲臣族豊石賣、年四十歳　丁女
　妹出雲臣族万賣、年三十四歳　丁女
　妹出雲臣族古刀自賣、年二十三歳　丁女
　妹出雲臣族乙等賣、年二十一歳　丁女

（後略）

「姉」「妹」で年齢を区別しはじめる

戸主「足桙《あぼこ》」の年齢三十五歳は、双子の「姉」「三木賣《みき》」「豊石賣《とよいし》」四十歳と「妹」「万賣《よろづ》」三十四歳との間になるので、この姉妹たちに付けられている「姉」字と「妹」字は、中国の漢字の意味用法どおりに使われているように見える。男性を視点として姉妹にあたるものを年齢の上下で区別しているのである。しかし、この計帳よりも後の時代に作成された計帳に、年齢にかかわらず男性を視点として姉妹にあたるものを示した「妹」字も、依然としてあらわれる。このことは、後に述べるように、「姉」字と「妹」字の中国の漢字としての用法が、八世紀の日本で次第に普及した途中経過を示していると解釈できる。ここに例示した山城国愛宕郡雲里の住民は漢字能力が特別に高かったふしがある。しかし、漢字能力が高くても漢字を日本語風になまって使わなかったわけではない。左に同じ郡の計帳の「上日佐麻呂《かみつをさのまろ》」の家族を例示する。天平五（七三三）年に作成されたと推定されているが、この「妹」字は年齢の上下にかかわらない用法である。

（前略）

上日佐麻呂、年三十七歳、　正丁
母鴨縣主伊毛賣、年七十五歳、
妹上日佐玉賣、年五十二歳、　丁女
妹上日佐小玉賣、年四十七歳、丁女

妹上曰佐麻刀自、年三十九歳、丁女
妹上曰佐伊毛賣、年三十六歳、丁女

資料の最後に宝亀三年（七七二）の東大寺奴婢籍帳をみる。東大寺が所有していた奴婢の名簿であるが、計帳の様式に従って作成されている。戸に相当する一つの家族を「編」とし、戸主に相当する最年長の奴または婢を「編首」としている。最年長の奴または婢が記述の基準となるので、年上の者をさす「兄」「姉」字はあらわれない。「弟」字は、左のように、姉妹のうち年下のものと兄弟のうち年下のものとをさし示す。

編首婢眞限女　年四十　正婢
女婢田主女　年五　黄婢
女婢小田次女　年二　黄婢
弟婢秋足女　年二十八　正婢
編首奴九月　年二十八　正奴
弟奴乙上　年二十一　正奴
弟奴天福　年十七　小奴
（後略）

「妹」字は左のように男性を視点として姉妹にあたるものをあらわすが、最年長者を基準として一家が書かれているために、以下すべての例が同年より下になるので、年齢を区別しているか否かはわからない。

編首奴國依　年二十八　正奴
妹婢眞國女　年二十八　正婢
妹婢五月女　年二十二　正婢
女婢小玉女　年二　黄婢

「妋」は夫ではなく兄弟

興味深いのは「妋」字の使用である。この籍帳に記載されている家族には、奴を編首とするものと婢を編首とするものとがある。「妋」字は、左のように、婢を編首とする家族において、その婢と年下の奴との間柄をあらわしている。

編首婢積女　年三十二　正婢

弟婢眞積女　年二十九　正婢
妹奴積麻呂　年二十八　正奴
女婢家刀自女　年二　黄婢

たてまえとして奴婢は結婚を許されなかったから、この「妹」は夫ではない。そして、この人たちは名に「積」字を共有している。「積女《つみめ》」を家長として、二歳の娘「家刀自女《いへとじめ》」、妹の「眞積女《まつみめ》」、弟の「積麻呂《つみまろ》」からなる家族である。兄弟姉妹に「積」シリーズの名を付けたのは積女の母か祖母であろう。積女は自分の娘に「一家の主婦」という意味の名を付けている。奴婢の身分になっていても誇り高い人たちである。寺院の奴婢には良民が本籍地から逃散してその身分になった人たちが含まれている。計帳に「〇〇年逃」と注記が書かれている人たちの流れ先である。この家族もそうではなかろうか。ここでの寄り道もこれまでにしよう。この「妹」字は女子を視点として兄弟にあたるものを示していると考えてよい。戸籍と計帳は男性を基準として書かれるので、女性を視点として兄弟にあたるものは表示される機会がない。しかし、この籍帳には婢を基準とした記述があるので、その機会があらわれたのである。念のために述べておくと、「妹」字の実際の用例は、この奴婢籍帳のなかに他に四例あるが、その対象がすべて年下である。しかし「妹」字は本来年齢にかかわらず兄弟をあらわし得たと考えて良い。先に述べたように、「兄」「姉」字の用例がないのと同じく、年上であれば、その奴が編首とされるので、実際の例があらわれないのである。

この「妋」字に相当する語は、おそらく「せ」である。先に美濃戸籍の家族関係を示した用字を検討した際に、「いも」と対になるところに存在したはずだと推定した語である。「妋」字は、本来の漢字としては「むさぼる」「うらむ」などの動作をあらわす。しかし、観智院本『類聚名義抄《るいじゅみょうぎしょう》』に「妹妋」という二字熟語に対して「イモセ」の訓がある。『類聚名義抄』は平安時代末期に編纂された漢和辞典であるが、平安時代に行われていた漢字の訓よみを広く収集して載せている。日本の漢字としては、「妋」字がこの意味用法で用いられていたと認めざるを得ない。

七の6　兄弟姉妹関係の表示と日本語の語彙

以上をもう一度確認すると、「兄」字は一貫して男子を視点として年上の兄弟にあたるものをあらわしている。

「弟」字は、九州戸籍を除けば、一貫して、兄弟のうち年下のものと姉妹のうち年下のものとをあらわしている。

「娣」字は、九州戸籍では女子を視点として年下の姉妹にあたるものをあらわしている。下総戸籍では用法が不明である。

「妹」字は、八世紀の戸籍と計帳では、一貫して、年齢にかかわらず男子を視点として姉妹にあたるものをあらわしている。しかし、用法の実態をみると、もう一つの側面が見出される。新しい様式で編纂された戸籍と計帳では、「姉」字と対をなして、姉妹を年齢の上下で区別するときがある。

「妹」字の用法の実態は、次のとおりである。左の表は、九州戸籍と下総戸籍において「姉」「妹」であらわされた人たちとの間の年齢差である。／より上の数字は記述の基準になっている人より年上の場合の年齢差をあらわし、下の数字は年下の場合の年齢差をあらわしている。たとえば下総戸籍には、九歳年下の姉妹を「姉」で表示した例が一つ、十二歳年上の姉妹を「妹」で表示した例が二つあるということである。

下総

姉　24　24　23　20　18　16　16　13　10　9　4　2　1　／　9

妹　12　12　8　7　7　7　5　4　4　4　3　2　2　1　1　／　2　3　3　3　4
4　4　6　7　7　7　7　8　8　8　8　8　8　9　10　10　10　11　11　11　11　12
12　13　15　16　17　17　19　19　22　22　24　24　28　29

筑前・豊前

姉　10　7　4　4　2　／

妹　3　3　3　2　／　0　／　2　3　3　3　4　4　4　4　4　5　5　5　5　7　7　8　8　8　9　10　11　12　12　13　13　15　15　15　17　17　17　18　19　22　24　26　26　30

下総戸籍の年上の「妹」は用例の数も多く、年齢差も大きい。「姉」には、先に述べた特殊事情によって、九歳年下のものが一例ある。この状態は、「妹」字で年齢の上下にかかわらず姉妹を示す様式が行われていたところに「姉」字が導入された初期の混乱をうかがわせる。一方、九州の戸籍の「姉」字「妹」字は年齢の上下で使い分けられる状態に近い。このことをさして、先に、成立年とは逆に下総戸籍の様式は九州より古いと述べたのである。

「姉」字は、美濃戸籍には用いられていない。それ以外の戸籍と計帳では、一貫して、男子を視点として年上の姉妹にあたるものをあらわしている。ただし、下総戸籍は上にみたとおり用法に混乱がある。

「妖」は、奴婢籍帳で女子を視点として兄弟にあたるものをあらわしている。

兄弟姉妹関係の用字の変遷と語彙

右の推定が間違っていなければ、八世紀の戸籍と計帳において、兄弟姉妹関係のあらわしかたは左のように移り変わったことになる。これまでの考察をふまえて、先にかかげた図②から④とは体系上の位置付けを少し変えているところがある。実例はあらわれていないが体系上では存在することが期待される位置を＊で示した。

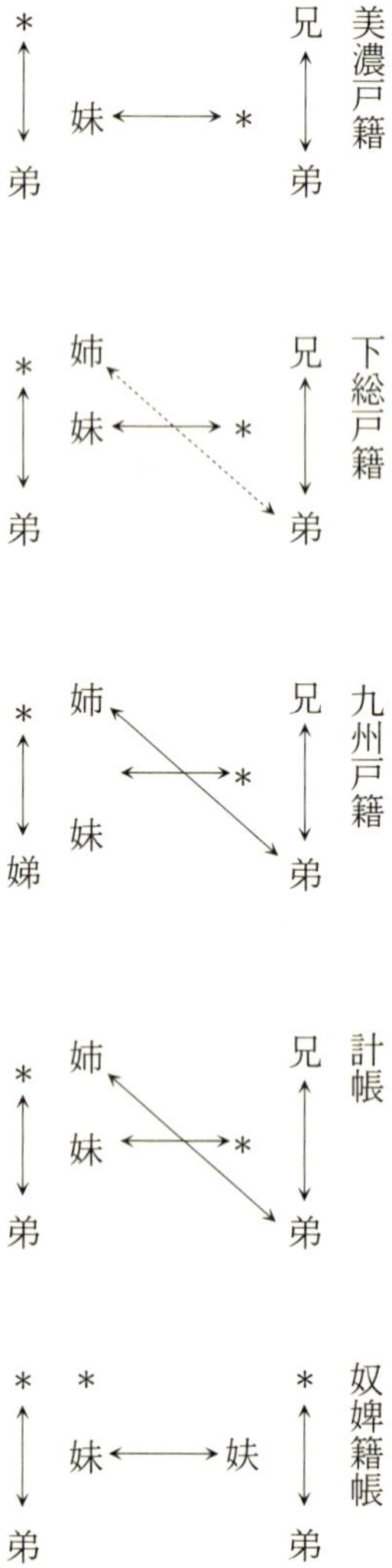

これを日本語の語彙の体系に置き換えると以下のようになる。「弟」字に相当するのは「おと」であろう。語形の根拠は、「意止《おと》賣」などの「意止」が弟＝年少の意であると解釈されることなどに求められる。九州の戸籍の「娣」字も、先に述べたとおり、「おと」をあらわしていると考えられる。他の戸籍、計帳、籍帳においては「弟」字の用法が不変であるから、「おと」という語は兄弟姉妹の語彙において不動の位置を保っていたとみてよい。はるかのち平安時代末期に成

立した『今昔物語集』にも女性からみた妹を「弟」字でさした例がある。

「妹」字に相当するのは「いも」であろう。「姉」字の導入後も年齢にかかわらず姉妹をあらわす用法の「妹」字が必ず存在するのは、「いも」という語が兄弟姉妹の語彙において確固たる位置を保っていたからであろう。語形の根拠は、「伊毛賣《いも》」などの「伊毛」が妹の意であると解釈されることなどに求められる。

「兄」字に相当すると予想されるのは「え」である。しかし、戸籍と計帳を資料とした内部徴証による直接の証明は困難である。兄弟の名に「兄…」「弟…」などの組があり、それが「え…」「おと…」の組である可能性が大きいことによって、間接に証明される。語形の根拠は、後に「あね」の語源を考えるところであげる古事記の例や、万葉集に「ぬえ（鳥）」が「宿兄」とも「奴延」とも表記されていることに求められる。この「延」はヤ行のエ段音をあらわす万葉仮名である。「兄」はア行でなくヤ行のエである。

「兄」字が「あに」に相当する可能性は極小である。八世紀までの文献中で、万葉仮名で書かれていてアニとよめる例は、筆者の知る限り、先にあげた豊前戸籍の人名「阿迩《あに》」が唯一の例である。これが兄の意に結び付く徴証は今のところない。兄の意の「あに」の確かな例は、おそらく平安時代初期の『金剛波若集験記《こんごうはんにゃしゅうげんき》』に付けられている訓点の「庶兄ママアニ」が最古である。もちろん、文献上の不在は必ずしも語の非存在を意味しない。「あね」が存在したのだから「あに」も存在したという理屈も成り立つ。しかし、証明できない以上、八世紀以前の日本語に「あに」があったことを前提にしてものを考えることはできない。
「姉」字に相当するのは「あね」である可能性が大きい。「え」のうち女性であるものとも「いも」のうち年上であるものとも異なる概念だからである。語形の根拠は、美濃戸籍に「姉つ賣」という人名を「阿《あ》尼《ね》都《つ》賣」とも書いた例をあげるのが通説である。結果的にそれでよいが、美濃戸籍には家族関係の姉を示す「姉」字が使われていないのだから、次のような手続きを経て承認されるのが筋である。

美濃戸籍の人名の要素「あね」は、すべて女性に与えられている。与えるとき、たとえば「戸主児姉都賣　次姉賣　次小姉賣」のように、出生順を考慮しなかったようにもみえる。この例は三姉妹すべてが「姉」字シリーズで命名されているのである。しかし、統計をとってみると傾きがある。「あね」を要素とする人名のうち姉妹の間柄が確認できるのは約五十例であるが、そのうち三女以下は四例にすぎない。しかも、その一例は右に示した接頭辞「小」が付いたものである。次女の半数の七例も同じである。これに加えて、姉妹が一人しか記載されていない十四例は、長女である確率が高い。要するに、美濃戸籍において「あね」のつく名は長

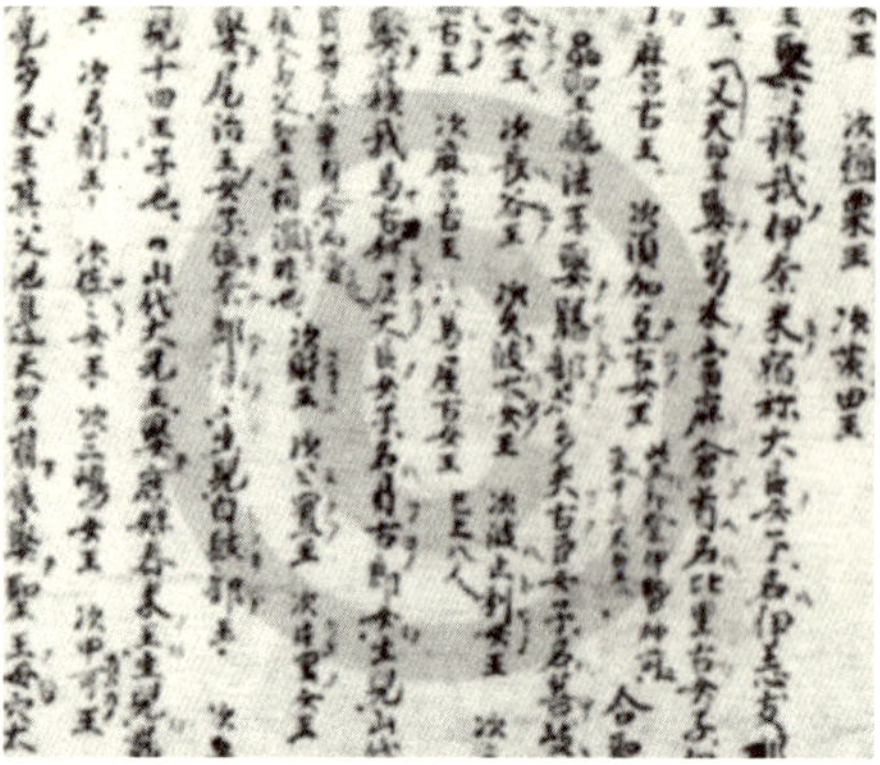
『上宮聖徳法王帝説』（知恩院蔵）

女に与えられる傾きがある。従って、人名の「あね」は年上の姉妹を指す「あね」と同語であるとは言い切れないが、女性で年上という、語の意味の重要な部分が共通する。

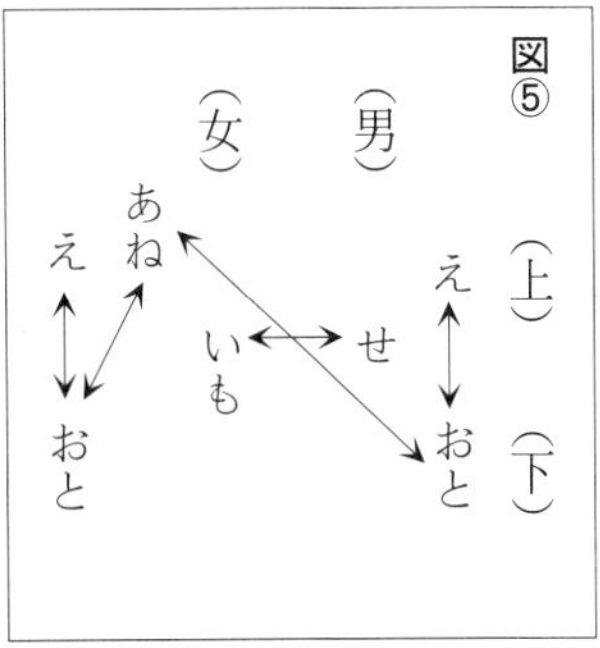

「妋」字に相当するのは、先に述べたとおり、「せ」であろう。語形の根拠は戸籍と計帳の類には求められないが、布村一夫氏が、山城国風土記逸文に、玉依日売と玉依日子の間柄を「妋」字であらわした例があると指摘している（「日本語のための民族学」『国文学解釈と鑑賞』四八巻六号一九八三、四）。まず「日売《ひめ》」に関する記事があり、次に「日子《ひこ》」に関する記事に移るときに二人の間柄が「妋」で示されている。その前の文脈に、「生子、名曰玉依日子、次名曰玉依日売」とあるので、二人は兄と妹である。文の内容は年齢の上下にかかわるものではないから、「妋」は「え」でなく「せ」とよまなくてはならない。後の時代に書き写された字面を証明に用いるのは問題が残るが、一つの根拠としてあげることができる。なお、古事記、万葉集に「我夫子」の文字連鎖のなかで「夫」が「せ」をあらわした例があることも傍証になる。

「女かつ年上」の座標に二つの語

右の図で女性・年上の座標に＊で示した位置に期待される語は、先にも述べたように「え」である。戸籍と計帳は、男子を基準として年齢順に記載されているので、姉妹のうち年上であるものをあらわす概念も表示される機会がない。姉妹のうち年上の人は、その前に記載された男子との間柄が表示されるからである。しかし、姉妹の名にも「兄…」「弟…」などの組が多いところからみて、語彙の体系には存在していたと考えるのが妥当である。

そして、女性・年上の座標に「え」「あね」二つの語が並存していたことは、同一人物の名が、古事記に「小兄比売《をえひめ》」、日本書紀には「小姉君《をあねのきみ》」と書かれていることからも裏付けられる。いつ書かれたものなのか未詳なので参考にとどまるが、聖徳太子の伝記『上宮聖徳法王帝説《じょうぐうしょうとくほうおうたいせつ》』には「乎阿尼乃弥己等《をあねのみこと》」と書かれている。ただし、「え」と「あね」は語形が異なるのだから語義にも違いがあったはずである。それについては後に詳しく述べる。

以上によれば、八世紀の兄弟姉妹の語彙の体系は図⑤のように再建される。

七の7 「飼い慣らし」と「鋳直し」がもたらした史的変化

「あね」の参入が語彙の構造を変えた

ここまで検討した結果によれば、日本語の兄弟姉妹の語彙の体系は次のように移り変わったとみるのが、最も蓋然性が高い考え方である。はじめに年齢の上下をあらわす「え・おと」だけが

図⑥

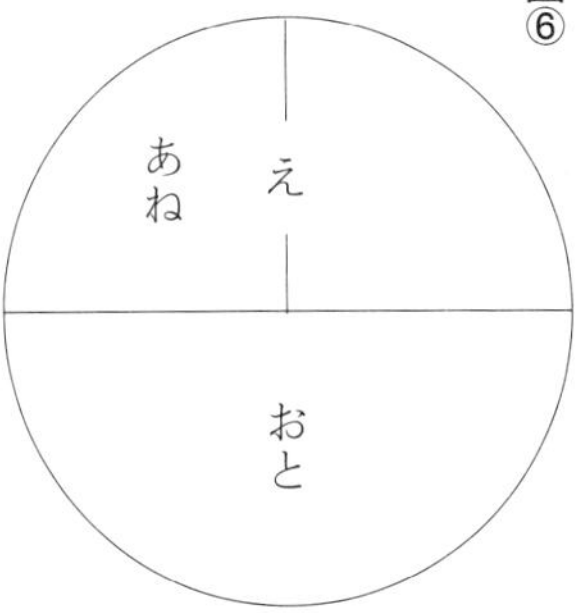

あった。そこへ性別をあらわす「いも・せ」が参入した。「いも・せ」は、おそらく、本来は親しい異性を指す呼称だったのであろうが、兄弟姉妹の中で男女を区別するために兄弟姉妹の語彙に取り入れられた。さらに、とくに女性かつ年上であるものを言いあらわす必要があって、「あね」が取り入れられて図⑥の状態になった。

この「あね」が兄弟姉妹の語彙として定着すると、語彙の構造の均衡が崩れる。そこで、対になる男性・年上の象限に「あに」が取り入れられた。あるいは、生じた。そしてさらに後には、構造の均衡の変化が年下の象限に及ぶ。年上の象限が男女の別に二つの語に分かれているのなら、年下の象限が「おと」一つでは均衡がとれない。しかし、先にも述べたとおり、年齢の上下にかかわらず姉妹をさす「いも」という語は後の時代まで確固としていた。平安時代には「いも」に「ひと」が結合して「ひ」が音便化し「いもうと」の形ができる。並んで「おと」に「ひと」が結合した「おとうと」の形ができる。「いもうと」が年齢の上下にかかわらないのと並んで「おとうと」が弟と妹を指す時期を経て、いつの頃からかまだ確認できていないが、「おとうと」は男子専称となり、体系の空き間に「いもうと」が移動して行って年下専称となる。そうして「あね」「あに」との四分割の体系が成立する。

「あね」の語源

右のように考えると、「あね」「あに」が本来どのような意味用法の語であったかが問題になる。「あに」については全く手がかりがないのでさておき、「あね」の語源について推定を試みる。可能性として二つ考えられる。

一つは、一人称の「あ」が年上をあらわす「え」についた形である。「いろね」という語が古事記の男性名「常根津日子《とこねつひこ》［伊呂泥《いろね》］命」（中巻・安寧条）と女性名「蠅《はへ》［伊呂泥］」（同）にある。三人兄弟の長男と二人姉妹の姉なので、これを、同母をあらわす接頭辞「いろ」に年上をあらわす「え」がついて「いろね」になったと考えることができる。また、「なね」という語が、古事記の会話文「神沼河耳命、曰其兄神八井耳命、［那泥《なね》］汝命、持兵入而、殺當藝志美々」（中巻・神武条）と万葉集の「かくばかり［名姉］が恋ふれそ」（巻四・七二四番歌）「妹［名根《なね》］が作り着せけむ」（巻九・一八〇〇番歌）にある。古事記の例は「神沼河耳命《かむぬなかはみみ》」が兄の「神八井耳命《かむやゐみみ》」に「兄さん」と呼びかけている場面である。万葉集の巻四の例は母親から自分の長女をさして「おねえちゃん」と呼んでいる。そのことと、「なおと」「なせ」「なにも」という語が存在することから、この「なね」を二人称の「な」に年上をあらわす「え」がついて「なね」になったものと考えることができる。ただし、万葉集巻九の用例は歌意の解釈が定まっていないので、この場合は「妻とお姉さんが作って着せてくれた」というように、「妹」と「なね」を並列の関係と解釈する。

「いろ」や「な」についた「え」が「ね」になるのは、「いろ」に「と」がついて「いろど」となり、「な」に「いも」がついて「なにも」となるのと平行して生じる発音上の現象であろう。連濁という現象がある。本書では理論的なことは詳しく述べないが、要するに単語と単語とが結合するとき連体助詞「の」が間に入る。それが鼻音に縮まり、結合した後ろの単語の頭の子音を清音から濁音に変える現象である。たとえば「なか」と「こ」が結合して「なかご」になる。それと同じく、「いろ」と「え・と」との間に入った「の」が「え・と」の前の鼻音になって「え・ど」を「ね・ど」に変えているのである。「あね」の「ね」もこれらと同じものと考えることができる。a-no-ye→a-n-ye→ane のように変化してできたということである。この場合、「あね」の語源的な意味は「私の年長者」となる。

もう一つ考えられる語源は、一人称の「あ」に親称の接尾辞「ね」がついた形である。「ね」は「せな」「いもな」などの「な」の交替形を想定することになる。この「な」は、「おきな」「おぐな」「おとな」などの人をあらわす接尾辞から親称に転じたものである。

その場合、先にあげた万葉集の例の解釈が変わる。巻四の例は、妹からでなく母から呼んでいることを重んじて、「ね」に年上の意を認めず、親称とみることになる。巻九の例は、「妻、あなたが作ってきせてくれた」というように、「妹」と「なね」を同じ人と解釈することになる。「あね」の語源的な意味は「私の親愛者」となる。

これ以上の憶測は慎むが、二つの語源の相違は、年上の意が含まれていたか否かになる。「あね」が兄弟姉妹の語彙体系に参入した過程を説明するには、先にみたとおり、年上の意が含まれていた方が都合がよい。しかし、「ね」を「な」の交替形とみれば、「あに」の「に」も交替形の一つとみることができ、その語源を説明できる利点があるので、すてがたい。

「あね」は女系の長か

語源をいずれに推定しても、もともと親愛の意が含まれている語だったことになる。一人称を対称に用いれば親称になるからである。たとえば、現代の方言で相手を「われ」と呼ぶのはなれなれしい言い方である。「あね」と呼ばれるのが、身近に存在する親しい人であり、しかも年長ゆえに頼りとなる人であったとすると、下総や九州の戸籍に「姉」字が導入された事情を説明するのに適切である。具体例に即してみてみよう。

下総戸籍の「姉」のうち、先にあげた刀良の戸における若売のように、最年長の姉妹を「姉」としたかに見えるものは、その戸の家族の実質的な統率者かもしれない。美濃戸籍の人名「あね」が長女に与えられる傾きがあったのも、そのような存在となるべき女児という意味合いであったと考えることができる。古代の日本の家族は、現在の通説では男女双系であった。中国では古来男系で、長男から長男へと家長が引き継がれ財産も継承された。しかしこの当時の日本では、男性も女性もそれぞれに財産をもち同権であった。生まれた子は母方で育てられたので、女系の力は現代より大きかった（服藤早苗「古代の母と子」『日本の古代12女性の力』中央公論社一九八七、関口裕子『日本古代婚姻史の研究』塙書房一九九三など参照）。

また九州戸籍の「姉」の使われている文脈からは、次の事情が汲み取れる。この阿迩の戸では刀良と小赤売の立場は現代で俗に言う連れ子である。弟の刀良は幼少であり、姉の小赤売に庇護されているのであろう。同様の事情が、和銅元（七〇一）年に書かれた陸奥国戸口損益帳《ここうそんえきちょう》の「姉」字にまつわる文脈から汲み取れる。「忍《おし》」という名の九歳の少年に従って、七歳の「弟」である「眞忍《まおし》」と十四歳の「姉」である「麻刀《まと》」の三人が叔父の戸に移ってきたと書かれている。もう一人、二十三歳の「従父兄」である「大《おほ》麻呂」も他から移ってきている。戸を移った理由は天災である。この年の前後は天候不順が続き、多くの家族が崩壊した。忍たちの家族も、前々年に父が、前年に母と長女が死去している。生き残った次女と兄弟が親戚の戸の成員とされたのである。律令制度では、一つの戸の人数を十人程度にして、そのなかに兵役に付くことのできる大人を二人というめやすを設けて編成していた。大麻呂は兵役年齢ゆえにこの戸に編入されたのかもしれない。それはさておき、子供たちは、実際には、麻刀が二人の弟の手を引いてきたのであろう。この姉と弟の姿は『源氏物語』の空蟬と小君を想わせる。「あね」が、身近にあって頼りとなる女性を意味する語であったとすれば、それにあたるのは、通常の家族においては母から長女へと受け継がれる女系の長、破片的な家族においては弟や妹の手を引く姉であり得る。

漢字と日本語との接触の問題に戻ろう。まず、美濃戸籍には家族関係の姉を示すには「姉」字が使われていない。これを機械的に解釈すると家族語彙に「あね」という語が存在しなかったということになる。しかし、人名には「あね」があらわれることと、同時代の他の文献にあらわれることからみて、語は存在したが表示されなかったと考えるのが妥当である。家族関係を示す位置に「姉」をいったん書いて「妹」と上書きした形跡の見える箇所もある。表示されなかった動機は、おそらく、美濃戸籍の編纂方針である。先にも述べたように中国の家族制度は男系原理であったし、戸籍を編纂するそもそもの目的は課税と兵役である。女性はいずれの対象にもならない。美濃戸籍の編纂方針は、男系原理の適用が最も極端である。一戸の構成員全体を大きく男女にわけて記載し、男の子と女の子を「子」と「児」で区別する点などは他に例がない。女性の記事にどの男性の続き柄になるかをいちいちに示すのも特徴的である。これらの現象は、男性をまず把握した後、その縁によって女性を把握したと解釈できる。律令制度では賦役や相続は専ら男性による。日本で戸籍が編纂された最初には男性だけのものがつくられたのではないかという説もある（岸俊男氏『日本古代籍帳の研究』塙書房一九七三）。美濃国以外の戸籍や計帳の編纂の仕方は、むしろ日本の家族の実態に近付いている。家族関係を示すのに「姉」字を導入した動機もそこにあったと考えることができる。

鋳直された兄弟姉妹語彙

家族関係を示す「姉」字が導入されると、先にみたとおり、「妹」字の用法に変化が起きる。「姉」字と対をなして年齢の上下を区別するようになる。しかし、「いも」という語は変化しない。八世紀の戸籍と計帳に使われている「妹」字の用法は、あくまで文字の上でのことである。現代、

「おじ」という語が一つしかなくても文字の上で「伯父」と「叔父」を区別するようなことが行われたのである。これは、中国の法制と、その様式と、その用字である漢字とによって、中国とは異なる生活を営む日本の家族を記録しようとしたという、特殊な条件の下で生じた現象であった。ただし、長い目でみれば、そのような「妹」字の用法が右に述べた日本語の変化を促したと言って良いであろう。

先にも述べたように、九州の戸籍は、音声言語に還元すれば同じ「おと」であるものを「弟」「娣」字で男女を区別して表記している。東大寺奴婢籍帳は、あるいは「夫」字をあてると配偶者の意に理解されるのを避けるためであろうか、「せ」に「妋」をあてている。その結果、この用法におけるこれらの漢字のあらわす概念は、中国における本来のそれと違った日本なまりになっている。これは、漢字と、日本の兄弟姉妹関係のとらえ方、そしてその語彙とが接触して、「飼い慣らし」が行われた側面である。しかし、「おとうと」「いもうと」の場合は、長い時間をかけてではあるが、飼い慣らす側に大きな変化が生じた。語そのものは古くから存在していても、漢字との接触によって意味用法が「鋳直された」のである。

第八章　漢字で日本語の文を書きあらわす——古事記の選録者たちの工夫

漢字の訓よみと万葉仮名とで日本語の語が書ける。しかし、日本語の文を書くには、もうひと工夫必要である。発想して書こうとする日本語と、書くための媒介である漢字の用法とのあつれきは、文の水準では語の水準に増して深刻だったであろう。日本語の長い散文を漢字でいかにして書きつづるか。古事記の序文に、和銅五（七一二）年当時、何が問題であったかが端的に書かれている。

上古之時、言意並朴、敷文構句、於字即難。已因訓述者、詞不逮心。全以音連者、事趣更長。（上古の時は、言と意と並に朴にして、文を敷き句を構ふること、字に於ては即ち難し。已に訓に因りて述べたるは、詞《ことば》、心に逮《およ》ばず。全く音を以て連ねたるは、事の趣、更に長し）

この文意は次のようなことを言っている。昔の日本語は言葉遣いも意味用法も純朴で、その日本語の文や語句を書きあらわすことは、漢字では難しい。全体を漢字の訓よみで書いたものは、

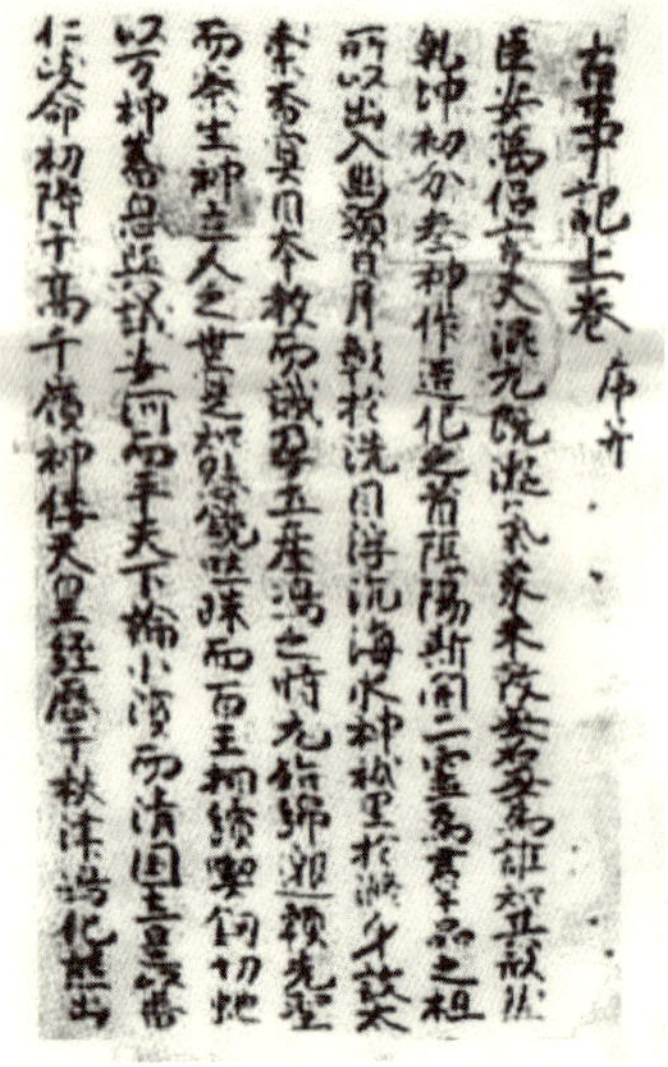

国宝　真福寺本古事記　上巻　巻首
（桜楓社、1978年）より

ことがらは伝わるが日本語のもつ微妙な感情や機微を表現することができず、心ない内容の文章になる。さりとて全体を万葉仮名で表音的に書いたものは、（日本語の発音は直接的にわかるが）長たらしくなって要領を得ない。

これは古事記を漢字で書こうとした選録者たちの悩みを述べているが、七世紀以来、日本語の文を漢字で書こうとすると、常に同じ問題が生じたはずである。そこで、古事記の選録者たちは次の方針をとった。

或一句之中、交用音訓、或一事之内、全以訓録。即、辞理叵見、以注明、意況易解、更非注。
（或は一句の中に、音訓を交へ用ゐ、或は一事の内に、全く訓を以て録す。即、辞理の見え叵《かた》きは、注を以て明らかにし、意況の解《わか》り易《やす》きは、更に注せず）

ひとまとまりの語句を訓よみと万葉仮名による表音表記とを交えて書くときもあり、一つのことがらを全部漢字の訓よみで書くときもある。漢字で書いた本文だけを見ても言っている意味内容がわかりにくいときは適宜注を付け、わかりやすいときは煩瑣を避けて注を付けない。

この章では、この問題意識と、それを解決しようとして古事記の選録者たちがとった方針を、具体例をとりあげて述べる。

八の1 「已に訓に因りて述べたるは、詞、心に逮ばず」

漢字の訓よみだけで日本語の文を書いたものは微妙な感情や機微を表現することができないという問題意識にあたるものとして、古事記のなかの接頭辞「いろ」の表記を取り上げる。

接頭辞「いろ」は、親族語彙の前に付いて同じ母から生まれたことをあらわす。「まま」と対になる接頭辞であるが、八世紀以前には兄弟姉妹の語彙に付いた例しか存在しない。用例は万葉集に一例、日本書紀に十二例、古事記に十一例ある。日本書紀の例は「同母」と書いて「いろ」と訓読され得る例のみであるが、古事記には万葉仮名で「伊呂」と書いた例もある。

わかりやすくするために前もって結論を要約して述べておく。古事記と日本書紀の記述に同じ母から生まれた兄弟姉妹たちは大勢登場するが、多くの例には「同母」「伊呂」が付けられていない。わざわざ付けたのは何か理由があるということになる。日本書紀や古事記の注釈書に、「同母」「伊呂」がなくても事実として同母なら必ず「いろ」を訓み添えたものもあるが、何も付けられていなければ訓み添えないのが正しい。「伊呂」「同母」の表示は必要な箇所に施され、それは文脈の読解をたすけるための一種の注であった。とくに「伊呂」と表記した例は、日本語としての原義を想起させることによって、その場面の二人の主人公の絆を表現している。ここに、「辞理叵見、以注明、意況易解、更非注」の方針が実践されている。

八の1の1　接頭辞「いろ」を万葉仮名と訓よみとで表記した意図

古事記の記事に接頭辞「いろ」を表記した例は左の十一ヵ所である。『古事記総索引』（平凡社一九七四）によって検索し、出現順に用例番号を付けた。慣例に従って（　）内にその本文篇『古事記大成』の巻・丁数・行をあらわす。

万葉仮名で「伊呂」と表記された例は左のとおりである。この十ヵ所のなかには、会話文中のもの（①⑧）と説明の文中のもの（それ以外）とがある。歌謡中の例はない。なお、左の他に人名の構成要素になっている「伊呂」が数例あるが、今は除外して考える。

① 爾答詔吾者天照大御神之［伊呂］勢者也（上巻二三オ二・神代）

② 其［伊呂］妹高比売命思顕其御名故歌曰（上巻四二ウ九・神代）

③ 神倭伊波礼毘古命與其［伊呂］兄五瀬命二柱坐高千穂宮而議云（中巻一オ二・神武天皇条）

④　沙本毘古王問其［伊呂］妹曰　（中巻二八ゥ一・垂仁天皇条）

⑤　其［伊呂］妹亦従也　（中巻三一ォ七・垂仁天皇条）

⑥　於是其［伊呂］弟水歯別命参赴令謁　（下巻一四ォ三・履中天皇条）

⑦　姦其［伊呂］妹軽大郎女而　（下巻一七ゥ六・允恭天皇条）

⑧　我天皇之御子於［伊呂］兄王無及兵若及兵者必人咲僕捕以貢進
（下巻一九ォ九〜ゥ一・允恭天皇条）

⑨　天皇為［伊呂］弟大長谷王子而　（下巻二二ォ四・安康天皇条）

⑩　其［伊呂］兄意富祁命奏言　（下巻四〇ゥ九・顕宗天皇条）

漢字の訓よみで「同母」と表記されたものは左の一例である。この「同母弟」は「いろど」と訓んでさしつかえない。

⑪　次、山代之大筒木眞若王、娶［同母］弟伊理泥王之女丹波能阿治佐波毘売生子、迦邇米雷王。（中二〇ォ七・開化天皇条）

同母なら「いろ」を読み添えるべきか？否

古事記にはおびただしい数の同母の兄弟姉妹たちが登場するが、そのなかでこのわずか十一例にしか「いろ」の表示が行われていない。まず、何も付けられていなくても同母なら「いろ」を添えてよむ必要があるか否か吟味しておこう。先にふれたように、事実として同母であればすべての例に「いろ」を添える注釈書がある。古事記をよむとき一つの便宜にはなるが、はたしてそれが、古事記の選録者たちの話していた言語に合致するか、選録者たちが文字による表現の上で読み手に伝えようとした意図を正しく汲み取ったことになるか。

八世紀初頭の言葉遣いとして、同母であれば必ず「いろせ」「いろも」「いろね」「いろど」と呼んだとは証明できない。それなら、異母であれば必ず「まませ」「ままいも」などと必ず呼んだと証明できなくてはならないし、もしそのような語法が存在したのなら表記にも常に反映するはずである。しかし、「伊呂」「同母」を表示した例は極めて少数である。大部分の同母の兄弟姉妹には付けられていない。「まま」を「庶」で表示した例も、後に述べるが、同様である。

次に、言葉遣いの上でそのような事実がなかったとしても、古事記の内容を正しく理解するために、読み手が常に同母か否か判断できるよう配慮したかもしれないと仮定する。古事記は天皇の血統と事績を語る書だからである。この仮定は、すぐには否定できないが、「伊呂」「同母」の表示は極めて限定的なのだから、その位置に限って施された理由が説明できなくてはならない。はたして、その説明は成り立つか。

そこで「伊呂」「同母」の表示されている位置をみると、重要な共通点がある。以下にみるとおり、すべての用例が、位の高い神々、または、高位の皇子・皇女たちの続き柄の記述にあらわれているのである。古事記の記事は、それぞれの神または天皇の記事がはじまる冒頭に神裔または皇統の系譜がある。兄弟姉妹たちの続き柄はそこに記載されているから、どの事件の記事を読むときも、登場する兄弟姉妹が同母であるか否かは、系譜に戻ればわかる。しかし、系譜から離れた位置の記事を読むときには記憶が薄れるし、おそらく巻物に書かれていたであろう記事を系譜まで巻き戻す手間も無視できない。それを補うために、要所に「伊呂」「同母」を表示して同母関係を改めて喚起し、理解を助けようとしたのかもしれないと仮定する。

用例④⑤を含む文脈には、その説明があてはまりそうにも見える。沙本毘古《さほびこ》王と沙本毘売《さほびめ》命が同母であることは、すでに開化天皇の皇統譜に示されている。しかし、この場面とはへだたりがある。『古事記大成』の本文で数えればおよそ一七〇行である。この位置で、一連の文脈の最初の「妹」に「伊呂」を表示したことによって、それに続く「妹」も同母であると理解することが保証されているのか否か。

…沙本毘売命之兄沙本毘古王、問其［伊呂］妹曰、孰愛夫與兄歟。答曰愛兄。爾沙本毘古王謀曰、汝寔思愛我者、将吾與汝治天下而。即作八塩折之紐小刀、授其妹曰、以此小刀刺殺天皇之御寝。…然遂殺其沙本比古王、其［伊呂］妹亦従也。（中二八オ〜中三一オ）

ここで沙本毘古《さほびこ》は、同母の妹であり垂仁天皇の后である沙本毘売《さほびめ》に、夫と兄とどちらが愛しいかと問い、兄が愛しいと返答を得て、二人で天下を治めようと謀反をそそのかし、天皇を暗殺するための小刀をわたす。同母の血筋で政権に就こうというのであるから、その関係を明示することには効果がある。しかし、それなら、なぜ「兄」には同じ処置が施されていないのかという疑問が生じる。それに、表示した目的がそのようなものであったのなら、引用文末尾の沙本毘古王とともに滅びる場面の「伊呂」は必要がない。

そして、この用例以外の文脈には、そのような説明が全くあてはまらない。たとえば用例⑥は、左に引用する文脈のなかにある。履中天皇に墨江中王《すみのえなかつ》が反逆して宮殿に放火したとき、石上神宮に避難した天皇のもとに水歯別命《みずはわけ》が訪れて、王とは異なり自分に邪心はないと忠誠を誓う場面である。王と命は同母の兄弟であるが、ここ（下一四オ）では「弟」に「伊呂」が付けられ、その前の墨江中王が反乱を起こす場面（下一三オ）では「弟」に「伊呂」が付けられていない。読み手に同母であることを常に意識させたいのなら、前の方に付けるべきであろう。

…御寝。爾其弟墨江中王、欲取天皇以火著大殿。（下一三オ）

…故上幸、坐石上神宮也。於是其「伊呂」弟水歯別命参赴令謁。爾天皇令詔、吾疑汝命若與墨江中王同心乎故不相言。答白、僕者無穢邪心、亦不同墨江中王。（下一四オ）

墨江中王と水歯別命が履中天皇の同母の弟であることは、仁徳天皇の皇統譜に示されている。この場面とのへだたりは、『古事記大成』の本文で数えると、墨江中王が放火する位置はおよそ二〇〇行、用例⑥の位置は二二〇行である。二十行の差をもって、前は皇統譜に近いから「伊呂」の表示を必要とせず、後は遠いから「伊呂」を付ける必要があったとは考えられない。

やはり、古事記の内容を正しく理解するためには常に同母か否か判断できる必要があったという仮定は成り立たない。十一ヵ所の「伊呂」「同母」は、同母の兄弟姉妹すべてを同母であると理解させるために表示されているのではない。古事記の選録者たちは、読み手が「伊呂」「同母」の付けられていない例にいちいち「いろ」を添えてよむことを期待していなかった。

同じ語を表記の違いで区別している

それでは、選録者たちが「伊呂」「同母」を表示した意図は何だったのか。しかも、同母関係を表示するのに、同じ語でありながら、万葉仮名と漢字の訓よみと二とおりに表記している。なぜそうしたのだろうか。万葉仮名表記の「伊呂」が歌謡にあらわれ、訓よみの「同母」が散文の部分にあらわれるのなら問題ないが、右の一覧の通り、両方ともに散文の部分にあらわれている。同じ「いろど」を「伊呂弟」と書いたり「同母弟」と書いたりしているわけである。これは先の「或一句之中、交用音訓、或一事之内、全以訓録」の具体例ということになる。「伊呂弟」が「交用音訓」、「同母弟」が「全以訓録」にあたる。

一般に、万葉仮名による表記は、発音そのものの表示を目的とするときか、あるいは、適当な訓よみのできる漢字がないときに採用される。韻文の表記や語句のよみ方の注などが前者であり、漢文または変体漢文の中の固有名詞や古語などの表記が後者である。「伊呂」の場合もそうであろうと予想されるが、漢字の訓よみで「同母」とも表記されている。古事記の選録者たちは二つの表記形態を何らかの意図で使い分けているのではないか。「伊呂」と「同母」は、ふつう「同語異表記」と呼ばれている。しかし、文字による言語表現の上では、表記形態の違いが意味用法の違いを区別しているときがある。読者は前章に再三ふれた「伯父」「叔父」や「弟」「娣」を思い起こしていただきたい。

八の1の2　「伊呂」「同母」の表示は文脈読解のための注であった

それでは、「伊呂」「同母」の表示は、どのような意図で施されているのか。まず「伊呂」の表示は、すべて事件の記述中にある。古事記の散文の部分は、大きくわけると、神や天皇の系譜と、神や天皇の事績を述べた事件の記述とからできている。その後者に施されているのである。

文脈をよくよむと、「伊呂」が付けられているのは、十ヵ所すべて、位が高いだけでなく、それぞれの事件における主要な登場人物である。しかも、「伊呂」によって関係付けられる二人が、権勢の上で同一の範疇に属している。ここで言う権勢の範疇とは、「彦姫制《ひこひめ》」と「末子相続」「兄弟相続制」をさす。「彦姫制」とは、古代日本で、同母の兄弟と姉妹が、男性は世俗的な行政を司り女性が祭祀を司るかたちで政権を構成していたと言われる説である。古事記の国生み神話のイザナキとイザナミの神は、その象徴である。先に第二章と第六章でふれた「卑弥呼」も「男弟」とともに国を治めていたと『魏書』に書かれている。「末子相続制」「兄弟相続制」は、古事記の記事をみると、天皇の位の継承が実際にそのように行われている。この後にあげる例にも、それにあてはまるものがある。

権勢上で協同する兄弟姉妹

それぞれの用例をみよう。用例①は、出雲国に追われた須佐之男命《すさのを》が、現地の有力者の足名椎《あしなづち》に対して名のる場面である。ここで命が天照大神《あまてらす》と権威・勢力を共有する身分であると明言したので、足名椎と手名椎夫妻は畏まって娘を献上する。

用例②は、阿治志貴高日子根神《あぢしきたかひこね》が、天若日子《あめのわかひこ》と誤認されたことを怒って去った後に、「妹」の高比売命《たかひめ》が光臨し、兄にかわってその御名を顕示する場面である。この記事に先立つ大国主神の系譜に「娶…多紀理毘売命《たぎりびめ》生子、阿遅鉏高日子根神、次妹高比売命、亦名下光比売命《したでる》」とあり、二神は同母である。高比売命は、兄の阿治志貴高日子根神と権威を共有する立場で発言しているのであり、この「伊呂」は、その立場を明示するために表示されたと考えることができる。この場面の前では命の名が下照比売と表記されているが、ここで高比売命に改められている。これも、権勢を感じさせるための配慮であろう。

用例③は、神武東征の発端である。四人の同母の兄弟のうち、次々兄の御毛沼命《みけぬ》は常世の国へ、次兄の稲氷命《いなひの》は海原へ去り、末弟の若御毛沼命《わかみけぬ》すなわち神武天皇が、長兄の五瀬命《いつせの》と国をたてようと協議する。このありようは、末子の神武天皇を首長とし、長子の五瀬命が協力する、同母兄弟による協同政権と考えることができる。

用例④⑤の文脈は前節に示した。「兄」すなわち沙本毘古王には「伊呂」が付けられていないのに、「妹」すなわち沙本毘売には付けられている。これは沙本毘古王の台詞「将吾與汝治天下」にかかわる処置であると解釈できる。同母の妹であるからこそ、「卑弥呼」とその「男弟」と同じく、権威を共有し協同政権を形成する資格を持つ。文脈上、それを明示するために、ことさら「伊呂」で同母関係をあらわしたのである。用例⑤は、謀反が敗れて沙本一族が滅びる場面である。この文脈の直前に沙本毘売は天皇に皇后の交替を申し出ている。沙本一族として兄とともに行動することを「いろ」で明示したのであろう。

用例⑥の文脈も先に示した。同じく同母の弟でありながら、墨江中王には「伊呂」が付けられず、水歯別命には付けられている。これは、墨江中王が本来なら同母の兄弟として天皇に協同し政権を支える立場にありながら反逆したのに対して、水歯別命が協同する道を選んだことを明示するためと解釈できる。そして、水歯別命は、この協同関係をもとに、兄の死後、皇位について反正天皇となるのである。

用例⑦は、允恭天皇の死後、軽太子《かるのみこ》が実妹軽大郎女《かるのおほいらつめ》と密通した事件である。「伊呂」が付けられた理由は、他の用例をあわせて考えると、一般論としての禁忌にとどまらない意味を持つようである。それについては左にまとめて述べる。

用例⑧は、⑦に続く場面にあたる。人心は弟の穴穂御子《あなほのみこ》（のちの安康天皇）に帰し、軽太子は大《おほ》前小前宿禰《まへこまへのすくね》の家に隠れる。包囲した穴穂御子を宿禰がいさめる台詞である。通説では兄弟の道や情にもとるから実の兄に対して兵をさし向けないように言っていると解釈されているが、これも特別な意味がありそうである。

用例⑨は、⑧の次の記事である。安康天皇が大長谷王子《おほはせのみこ》（のちの雄略天皇）のために妃を迎えようとしたことを契機として、弑逆《しいぎやく》の悲劇が起こる。これに続く文脈に大長谷王子の二人の同母兄、黒日子王《くろひこ》と白日子王《しろひこ》が登場するが、大長谷王子との続き柄をあらわす「兄」には「伊呂」が付けられていない。この二人の王は天皇の仇を討とうともせず、王子に誅せられる役割を演ずるからであろう。

⑦⑧⑨に登場する軽太子、黒日子王、穴穂命、軽大郎女、白日子王、大長谷命が同母の兄弟姉妹であることは、すでに允恭天皇の皇統譜に示されている。そのうち穴穂命と大長谷命が皇位についたことも述べられている。従って、これらの「伊呂」は、それ以外の情報をもたらす目的で、ことさらに表示されたと考えなくてはならない。

その目的は、皇位継承の次第、その資格の保有の明示であろう。⑦の「伊呂」は、協同して政権を形成するべき実の妹との禁忌を強調し、そのために軽太子が皇位につく資格を失ったことを明示したと解釈できる。⑧の「伊呂」は、穴穂御子が、本来なら軽太子の政権に協同する立場にあり、このとき軽太子のもっていた資格を受け継いだことを明示したと解釈できる。この台詞で宿禰が穴穂御子を「天皇之御子」と呼ぶことについていろいろな解釈が行われているが、これも同じ理由と考えるべきであろう。この時点で穴穂御子は天皇になるべきことが確定しているのである。「若及兵者必人咲」も、人に笑われるようなふるまいは人倫だけでなく王道にもとると諭しているのであろう。⑨の「伊呂」は、この時点で大長谷王子が皇位継承者に確定していたことを明示したと解釈できる。王子が二人の兄を「一為天皇、一為兄弟、何無恃心、聞殺其兄、不驚而怠乎」となじるのは、同母兄弟として協同するべき責任をさしているのであろう。

　最後に用例⑩は、顕宗天皇が雄略天皇の陵墓を毀損《きそん》しようとしたとき、意祁《おけ》命がいさめる場面である。この事件は命の説く道理にそって落着する。しかも、この場面で天皇は命に対して敬語を用いている。天皇は、重大事にあたっては常に命に相談し、その意見を重んじていたことがうかがわれ、これも同母の兄弟による協同政権と考えることができる。そして、意祁命は、弟の死後、皇位について仁賢天皇となるのである。

　こうしてみると、「伊呂」は、すべて、同母の兄弟姉妹の協同によって形成される権勢を明示したり強調するはたらきをもたされている。とくに中巻と下巻の記述においては、皇位継承の次第を示す指標になっている。つまり、十ヵ所の「伊呂」は、同母関係を喚起して、その絆によって形成され継承される権勢を指示し、その文脈の趣旨を明示するための一種の注として用いられているのである。序文の「辞理叵見、以注明」の実践例と言えよう。

「同母」は通常の同母関係の表示

それに対して、接頭辞「いろ」を「同母」と表記した用例⑪は、「伊呂」の用例が事件の記述にあるのと異なり、系譜中にある。山代之大筒木眞若《やましろのおほつつきのまわか》王が同母の弟である伊理泥《いりね》王の娘丹波能阿《たにはのあ》治佐波毘賣《ぢさはびめ》をめとったというのである。系譜において妃の出自は重要な情報であるから、「同母弟…之女」の表示には意味があるとして、この例だけが「伊呂」で表記されなかったのはなぜだろうか。系譜であるから万葉仮名による表記を避けたのかもしれないが、人名の部分の表記には万葉仮名の使用を避けられないのだから、別の理由を考えるべきであろう。

その理由の説明は、異母関係をあらわす接頭辞「まま」を「庶」で表示した例にてらしあわせてみると可能になる。接頭辞「まま」は接頭辞「いろ」の対義語である。ただし、語の意味全体が「いろ」と対義をなすのではなく、部分的に対義をなしている。たとえば「いろ」は父に付かない。母にも本来は付かなかった。しかし、ここで考えている問題は兄弟姉妹の関係であるから、視野に入れるのが有効であろう。古事記には万葉仮名で「麻々」と表記された例がなく、すべて訓よみの「庶」で表記されている。「庶」が付けられている語句は「兄弟」一例「兄」二例「母」

一例「妹」九例である。

「庶」の表示は系譜にも事件の記述にもある。煩瑣になるので文脈の例示を省略するが、「庶兄弟」は、事件の記述中にあり、大穴牟遅《おほなむぢ》神の兄弟たち、すなわち八十《やそ》神をさして用いられている。「庶兄」も、事件の記述中にあり、一例は、神武天皇の庶子である當藝志美々《たぎしみみ》命と、嫡子である神沼河耳《かむぬなかはみみ》命（綏靖天皇）らとの関係をあらわし、もう一例は、崇神天皇の伯父である大毘古《おほびこ》命と、その異母兄である建波邇安《たけはにやす》王との関係をあらわしている（ただし諸写本の本文に若干の問題がある）。「庶母」は、開化天皇の皇統譜中にあり、孝元天皇の死後、その妃であった伊迦賀色許賣《いかがしこめ》を娶ったことをあらわしている。同じ婚姻関係が、當藝志美々命と神武天皇の妃であった伊須気余理比《いすけよりび》賣《め》との間にも成立しているから、特別な事情ではない。「庶妹」は、事件の記述中にも系譜中にもあり、いずれも、天皇または皇子の、妃の出自をあらわしている。「庶妹」との婚姻は当時めずらしくなかった。

このように「庶」の表示には、それぞれ必然性が認められるが、そこにあらわれているのは、すべて、常にあり得ることとして予想されるような関係である。「庶兄弟」「庶兄」の表示されている文脈は、異母兄弟の反目を述べている。大穴牟遅神は八十神との争いに勝って大國主神となる。當藝志美々命は、おそらく皇位を望んで、異母弟たちを殺そうとする。大毘古命は崇神天皇に忠誠を尽くし、建波邇安王は反逆する。このような異母兄弟の反目は、常に生じ得る関係のひとつである。これは「伊呂」の表示されている文脈が同母の兄弟姉妹の協同にかかわるのと対応しているようにみえるかもしれない。しかし、「伊呂」は同母兄弟のなかで立場の相違をとくに区別する用法であるが、「庶」はそうではなく、常にあり得る事態を説明している。

そこで「同母」の用例に戻ると、「同母弟…之女」は姪にあたり、親等の等級が「庶母」と一致する。「庶母」との婚姻が特別な事情でないのなら、これも常に生じ得る関係のひとつである。この系譜でことさらに同母関係を示したのはなぜかという問題が残るが、関係する登場人物たちが古事記の他の部分にみえないので何とも言えない。

必要な位置に必要な情報の表示

さて、前節で、古事記の選録者たちは「伊呂」と「同母」の表記形態を使い分けているのではないかという予想をたてたが、その答えは次のようになる。「伊呂」は、同母の兄弟姉妹が協同する立場にあることを前提として、そのなかで協同する立場にあることをとりわけて明示する必要があるときに用いられている。これに対して、「同母」は、通常の同母関係を示すときに用いられている。そして、「庶」は、通常の異母関係を示すときに用いられている。

この節で検討した結果をまとめると、同母か異母かの関係は古事記の内容を理解するために重要な情報であるが、その表示は必要な位置にのみ施されている。序文の「辞理叵見、以注明」の実践である。従って「伊呂妹」は「いろも」、「庶妹」は「ままいも」とよむ。それらの情報の表示が必要でなければ何も付けられない。序文の「意況易解、更非注」の実践である。たとえば、

「娶穂積臣等之祖内色許男命妹内色許賣命」（孝元天皇条）のような例は、おそらく同母の「妹」であるが、このような出自の場合、家柄がわかりさえすれば充分であって、それを示す必要がないのであろう。事実として同母であっても何も付けられていない「兄」「弟」「妹」には「いろ」を添えてよむべきでない。たとえば、用例④の「妹」は、暗殺のための小刀をわたす場面であるから「いも」と訓む。この結果は、古事記が全体にとっている一字一訓の方針とも一致する。

八の1の3　接頭辞「いろ」の原義と「伊呂」と表記すること

兄弟姉妹の絆をとりたてて明示したいときに「伊呂」を表示したとすると、「いろ」という語の本質的な意味が親愛であることに整合する。接頭辞「いろ」は、もともと「いりひこ」などの「いり」や「いらつめ」などの「いら」と母音の交替によって形成される同義の語群をなして、親愛や敬愛の意をあらわしていたものである。それが、家族関係の語彙に取り込まれて同母関係をあらわすようになったと言われる（『時代別国語大辞典　上代篇』三省堂一九六七）。それゆえ、先に述べたように「まま」との対義関係も部分的である。

前節にみたとおり、古事記の接頭辞「いろ」のうち、「同母」で表記されたものは通常の同母関係をあらわしているが、「伊呂」で表記されたものは、論理的・法的な意味での同母関係をあらわすのではなく、権勢における同母の兄弟姉妹の絆をあらわしている。接頭辞「いろ」の意味用法について、古語辞典や古典の注釈で、この絆の意味用法は今まで指摘されていなかった。しかし、「いろ」という語の意味用法に、権勢の上で同じ立場という新たな項目を追加する必要はない。なぜなら、万葉集と日本書紀の「いろ」には、そのような意味用法が認められず、古事記のそれは、文脈的な意味であると考えてよいからである。

万葉集の例は、左の一首である。これを「いろせ」とよむのが定説である（稲岡耕二『弟世』と『伊呂勢』『萬葉』五十九号一九六六、四）。

うつそみの人なる我や明日よりは二上山を〔弟世〕と我が見む（巻二・一六五）

大津皇子《おほつのみこ》が謀反の罪によって死を賜ったとき大伯皇女《おほくのひめみこ》がうたった挽歌であるが、この「いろ」は、二人の同母関係と、その親愛の情をあらわしている。ここに政治や権勢にかかわる意味を想定するのは無理であろう。

日本書紀は姿勢が違う

次に日本書紀の用例であるが、『日本書紀総索引』（國学院大学日本文化研究所一九六四）によって検索すると、「いろ」の訓でよまれる「同母」「母」が合計十五例ある。煩瑣になるので文脈の例示を省略するが、九例が系譜的な記事に用いられ、そのうち一例は妃同士の、残りは天皇とその兄弟姉妹との間柄をあらわしている。それらは単なる同母関係である。事件の記述中に用いられている六例のうち、一例は、垂仁天皇紀にある殉死の廃止を述べた記事で、天皇と弟との関係をあらわしている。これは、同母関係から生ずる心情的な絆も表現していると考えてよい。ただし、古事記の「伊呂」と異なり、そこに政治上の立場にかかわるような意味内容は表現されていない。他の五例は天皇以外の登場人物の間の同母関係をあらわしている。そのうち三例が、左に述べるように、古事記の記事と対応する。

　日本書紀で天皇以外の登場人物の同母関係を「同母」「母」であらわした記事と、古事記で「伊呂」「同母」が表示されている位置とが対応する箇所をみると、対応する字句は、用例④⑦にあたる箇所だけに存在する。たとえば用例③に対応する記事では、五瀬命は孔舎衛《くさえ》坂の戦闘場面にあらわれるが、「有流矢、中五瀬命肱脛」と記述され、同母関係の表示はない。五瀬命は単に兄たちの一人としての扱いをうけている。④⑦は同母の兄妹の愛情にかかわる内容なので同母関係を示す必要があったと考えてよい。そして、⑩との対応箇所では天皇と億計《おけ》皇子の関係が「いろね」でなく「皇太子」で示されている。これらのことからみて、日本書紀の記述態度は、権勢を天皇ひとりに帰するものと考え、同母の兄弟姉妹による共有を顧慮していないと言える。

　古事記の用例④⑤に対応する字句は日本書紀では左のようになっている。同母関係が表示されているのは、古事記と異なり、「兄」サホビコの方である。兄が妹を誘う台詞を比較すると、古事記の「将吾與汝治天下而」は妹との協同政権を提唱したと解釈できるが、日本書紀の「吾登鴻祚、必與汝照臨天下」は、兄が皇位に付けば、その権勢によって君臨できるという趣旨に解釈できる。

皇后〔母兄〕狭穂彦王謀反、欲危社稷。因伺皇后之燕居、而語之曰、汝孰愛兄與夫焉…狭穂彦與妹共死干城中

古事記の用例⑦に対応する字句は日本書紀では左のようになっている。前後の文脈の趣旨が相違するが、同母関係については古事記と対応する。しかし、古事記と異なり、同母関係が権勢の共有・継承に結びついていない。古事記では、天皇の逝去後に軽太子が位を継ぐべきところ、即位する前に禁忌を犯して、皇位継承権の喪失に直結しているが、日本書紀では、天皇存命中の私的な問題として記述され、天皇の死後に、別の姦淫事件によって人望を失ったという筋になっている。

立木梨軽皇子為太子。容姿佳麗。見者自感。〔同母〕妹軽大娘皇女亦艶妙也。太子恒念合大娘皇女。…遂竊通。…時有人曰『木梨軽太子姦〔同母〕妹軽大娘皇女』

事件の記述中に使われた残る二例は、日本書紀に「いろ」とよめる字句があるが、古事記には

対応する記事が存在しない。仁徳天皇紀の「乃進同母妹八田皇女曰…」は、菟道稚郎子《うぢのわきのいらつこ》が死に望んだとき妹を天皇の妃として奉る場面である。これまでに考えてきたところからすれば、このことは郎子の権勢の継承を含意しているであろう。しかし、八田皇女《やたのひめみこ》は、皇后磐之媛《いはのひめ》の存命中は立后できない。ここで同母関係が示されても、そのことが事件の進行上で権勢の継承に直結しないのである。古事記の「同母」で表記された例と同じである。允恭天皇紀の「朕頃得美麗嬢子、是皇后母弟也」は、天皇が衣通姫《そとほり》を厚遇しようとして大伴室屋《むろや》連に相談する台詞である。これは、通常の同母関係をあらわしている。

以上にみたとおり、万葉集と日本書紀の接頭辞「いろ」には、権勢にかかわる同母の兄弟姉妹の絆をあらわした用例はない。従って、古事記の「伊呂」は、記述内容に即した文脈的な意味用法であると考えてよい。その傍証がある。崇神、垂仁、景行三代の天皇の皇統譜には「いりひこ・いりひめ」を含む人名が多く、しかも、それが「彦姫制」に結びついていると指摘されている(日本古典文学大系『日本書紀上』岩波書店一九六七頭注)。これも、接頭辞「いり」にそのような意味用法があるのではない。親称の接頭辞が同母の兄弟姉妹の名の構成要素になり、その兄弟姉妹が事実の上で「彦姫制」にかかわっているのである。

親族の絆が原義

さらに、右のことから、次のように考えられる。「いろ」が同母関係をあらわすようになったのは、同母の兄弟姉妹の間柄が親しいからであろう。つまり、同母関係をあらわす意味用法は、その関係をなす者の絆の意味をもとにして成立したのであろう。それゆえ、歌、会話、事件の記述中に位置する用例の多くが、同母関係とともに、その関係をなす者の親愛の情をあらわしているのであろう。ということは、「伊呂」で表記された「いろ」の意味用法の方が、「同母」で表記されたものよりも原義に近いのである。おそらく、論理的な同母関係だけをあらわすのは系譜のような特殊な文脈における意味用法であり、接頭辞「いろ」の本質的な語義は、親愛の意だったのであろう。

　ここに、古事記の選録者たちの問題意識「已因訓述者、詞不逮心」があらわれている。「いろ」を「同母」の訓よみで書きあらわすと、漢字のもつ論理的な意味によって、日本語のもつ親愛の原義が覆い隠されてしまう。そこで、選録者たちは「或一句之中、交用音訓」の方法を選択して「伊呂妹」と書いた。この書き方の技術は七世紀中に開発されていた。たとえば奈良県の飛鳥池遺跡から出土した木簡に、「世《せ》牟《む》止《と》言《いひ》而《て》…」と書いたものがある。動詞と助詞「せむと」を万葉仮名で書いた後に「いひて」を漢字の訓よみと助辞で書いている。「いろせ」の場合、万葉仮名で「伊呂勢」と書いたのは、「せ」の訓に適切な字がないからであろう。第七章で述べたとおり、「せ」は夫ではない。「兄」をあてて書けば「え」と訓よみしなくてはならない。

飛鳥池遺跡出土木簡（奈良文化財研究所提供）

なお、平安時代には、「いろ」の意味・用法が、兄弟姉妹の同母関係ではなく、家族の一員をさす親称に変わったと言われている（日本古典文学大系『日本書紀下』岩波書店一九六五補注）。日本書紀の写本に平安時代に付けられた訓に、「庶兄」を「いろね」とよんだり（綏靖天皇紀）、「母」を「いろは」とよんだ例（多数）などがあらわれるからである。『和名類聚抄』（西暦九三四頃成立）にも「母」を「以路波《いろは》」という訓でよむと書かれている。しかし、ここで考えたところによれば、語の意味の本質的な部分は一貫して同じであり、変化したのは適用される家族関係だったということになる。というよりもむしろ、論理的・法的な同母関係に適用されたのは八世紀だけだったと考えるのが真実に近いだろう。親しい女性をさす「いも」を家族関係の姉妹の翻訳にあてたのと同様に、親愛の意をあらわす接頭辞が血縁関係の翻訳にあてられたのである。もし同母が本質的な意味であったなら「いろは」は論理矛盾になる。

もともと、日本語「いろ」のあらわす意味は、同母関係そのものではなく、その関係をなす者の間の絆《きずな》であった。古事記において万葉仮名で「伊呂」と表記された例は、その日本語としての原義を想起させることによって、絆の側面を強調して表現している。漢字の訓よみで「同母」と表記された例は、漢字のあらわす意味が前面に出て、論理的・法的な概念としての家族関係を示している。同じ語の表記であっても、漢字の訓よみをあてると、漢字が本来もつ論理的な意味用法に拘束されて、表現が「詞不逮心」となる。万葉仮名をあてると、原義に近いゆるやかな意味用法が表現され、序文に言う「上古之時、言意並朴」を書きあらわすことができる。選録者たちはそれを十ヵ所に効果的に施したのであった。

八の2　「全く音を以て連ねたるは、事の趣、更に長し」

次に序文の「全以音連者、事趣更長」という問題意識の解決方法にあたるものとして、古事記の歌謡の表記の、万葉仮名の字体の変異の統制的な使用と、同音のくり返しを示す踊り字の統制的な使用、そして歌謡の前後が改行されていた可能性について述べる。

古事記の歌謡は、漢字の音よみを借りた一字一音式の万葉仮名だけで表記されている。文章をよんでいくと、長い万葉仮名の連鎖が漢字の訓でよむ文脈にはさまれて出てくる形になる。その部分が歌謡であると見てわかるように、古事記の選録者たちはさまざまに工夫をこらしている。使われている万葉仮名は一つの音節に一つの字体をあてた状態に近い。しかも、散文の部分で助辞などとして使う字を万葉仮名として使わないようにしている。たとえばカ、ヲをあらわす万葉仮名は、一般には「可」「乎」が使われることが多いが、古事記はそれを避けて「迦」「袁・遠」を使っている。

そのような工夫をしても解決できないところがある。歌謡の部分だけをみると、現代の仮名の活字の連鎖と類似の状態になる。第一章のおわりの方にかかげた平仮名だけで書いた文を参照していただきたい。句読点も分かち書きもなしにそれらをよもうとすれば困難だったにちがいない。

歌謡の内容は前後の話しの筋とかかわりをもっているから、おおよその歌意は先行する散文の部分の内容によって見当が付くし、いくつかの語は、先に書かれている文に漢字の訓よみですでに出ているので、歌謡に万葉仮名で書かれていても、意味がわかったであろう。問題は、万葉仮名の連鎖をいかに言語の単位に区切ってよむかである。

そのとき、韻文としての定型が有力な手がかりになったであろう。一九九八年に公表された徳島県観音寺《かんのんじ》遺跡の「難波津の歌」木簡をはじめ、この十年ほどの間に各地の遺跡から七世紀の韻文を書いた木簡が何点か出土しているが、それらをみると五七調がすでに成立していたようである。古事記歌謡には、五七調に四六調が混在して、いわゆる字余り字足らずの句が多い。とくに長歌は五七調にあてはまらないところが多い。しかし、万葉仮名の列を区切ってよむときに五七調が手がかりになったのは確実であろうから、以下、検証をすすめるにあたり、五字または七字の句の単位に着目する。

八の2の1　万葉仮名の字体の変異による句読法

右に述べたとおり、古事記の歌謡の万葉仮名は、一音節に対して一つの字体をあてる方針が徹底している。漢字の列のなかで発音を示した部分であることが一目でわかるように配慮したのであろう。そのなかで、いくつかの音節に限り、二つ以上の字体が用いられている。

それらのうち、併用される二つの字体に字の形の上で共通性がなく、しかも頻度が拮抗するものについては、いわゆる上代特殊仮名遣いに相当するのではないかとの疑いがかかる。具体的にはオ、シ、ホの音節の万葉仮名である。これらについてかねてから研究が行われているが、本書では立ち入らない。筆者の見解では、オの万葉仮名「意」「淤」と、シの万葉仮名「斯」「志」は、古事記の編纂に用いた資料と編纂時の選録者による書き下ろしとにかかわるもので、簡単に言えば新旧の字体である。これらは、原則として同一の歌謡に併用されないので事実上は一音一字になる。ホの万葉仮名「本」「富」については、編纂の問題と、ホの音節に上代特殊仮名遣いが存在した事情とが両方かかわっている。

同一声符字と特異字体

ここで考察の対象とするのは、左の表(一)(二)に示した字体の用法である。表(一)は声符を同じくする二つの字体の併用である。漢字の字体の構成の分類で「諧声《かいせい》(形声《けいせい》とも)」にあたるもので、字を構成する偏が意味範疇をあらわし旁が発音をあらわす声符になっている。「賀」「何」と「勢」「世」は字形に共通性がないが、便宜上ここに分類する。漢字の音が全く同じであり、その用法も、同一声符字と同じ状態を示すからである。表(二)は通常使われる字体と字形の上で共通性のない万葉仮名のうち、使われる頻度が極めて小さいものである。字体の下の( )内は通常使われる字体、左の漢数字は用いられている歌謡の番号を示す。以下、表(二)のもののを便宜的に「特異字体」と呼ぶ（以下、便宜上、集計表ではいわゆる上代特殊仮名遣いの甲類をアラビア数字の1で示し乙類を2で示す）。

表（一）

カ	キ1	ク	コ1	ゴ2	ニ	マ	ヲ	ガ	セ
加130	岐144	久129	古43	碁15	尓100	麻198	袁120	賀184	勢31
迦72	伎2	玖8	故1	其1	迩93	摩6*	遠18	何3	世9

*「摩」の度数は古事記の諸写本の間で異同が大きいので不確定。

表（二）

カ	キ1	キ2	ザ	シ	タ	チ	ト1	ト2
可（加）	棄（岐）	貴（紀）	奢（邪）	芝（斯志）	他當（多）	治（遅）	刀（斗）	等（登）
四三	五	七	三九	五八	六七	七、一〇	五	三、五、五五

ノ2	ホ	ミ1	ミ2	ラ	ル	ロ1
乃（能）	菩（富本）	弥（美）	味（微）	羅（良）	留（流）	盧（漏）
八四、一〇一	四〇	六六、八七	二四	五三	二、一〇	一一

わかりやすくするために前もって結論を要約して述べる。同一声符字のうち二つの字体の頻度の差が小さいものは、原則として同一の歌謡のなかに併用されない。従って、事実上は一字体の

専用に等しい。たとえばヲの万葉仮名は「袁」「遠」とが使われるが、「遠」は歌謡二～六番に、「袁」はそれ以外に使われるので、結果的に一つの字体専用と同じである。同一の歌謡に偏の異なる字が併用されるときもあるが、その場合は、以下に述べるように、字体の変異が万葉仮名連鎖を区切ってよむ手がかりとして利用されている。数の少ない方の字体が句読点のはたらきをするのである。それらは、音節をあらわす価値の他に、万葉仮名の連鎖の句読に関する価値を負担させられていることになる。そのとき、漢字としての本来の意味用法を考慮しながら使われているように見える用例もある。これらの字の併用は、同じ発音をあらわす字体の variation ということになる。これについて、従来は多くの学者が「変字法《へんじほう》」だと片づけてそれ以上追求しなかった。変字法《かえじほう》とは、近接位置で同一語句の表記を変える慣習のことである。ヘンジホウとよむのは曲解で、提案した高木市之助氏の論文には「かへじ」とふりがなが付いている（「変字法に就て」『吉野の鮎』岩波書店一九四一）。この変え字法を、古事記の選録者たちは意図的に統制している。

歌謡七番の句読の仕組み

表（一）のうち数の少ない方の字体の使用度数が一桁のものと、表（二）の特異字体のすべてについて、右に述べた考え方があてはまることを筆者は確かめているが、いちいちに説明すると煩瑣になるので、古事記上巻の歌謡七番（注釈書によっては八番になっている）を例にとって述べる。歌謡七番の「阿治志貴多迦比古泥能迦微《あぢしきたかひこねのかみ》」に特異字体「治」「貴」が使われている。この歌謡の直前の散文の部分に、同じ神の名が「阿治志貴高日子根神」と書かれている。古事記の歌謡全体では、表（二）のとおり、ヂの万葉仮名には「遅」、キ乙類の万葉仮名には「紀」を統一的に使っている。この「治」「貴」はおそらく古事記の編纂資料になったものの表記を受け継いでいるのだろうが、なぜ、この位置に限って、歌謡の語句であるのに、選録時に「阿遅志紀」に書き換えなかったのであろうか。左に述べるように、万葉仮名の連鎖を区切ってよむ手がかりになることを意図して、あえて書き換えなかったのである。

歌謡の直前の「阿治志貴高日子根神」は、この前の文脈から計四度あらわれる同一の神名の表記を、「阿遅鉏高日子根神」「阿遅志貴高日子根神」そしてこの形態と、順に変え字法を施したものである。「治」は、その事情によって、初出の「遅」に対して字体を変えた結果である。ここまでは、単に同一語の表記を変える慣習で説明できる。さて、順に表記を変えるのであれば、歌謡では、むしろ「治」も「貴」も交換して「阿遅志紀」の形態をとることが期待されるはずである。にもかかわらず、直前の地の文と同じ形態をとったのには理由がある。直前と同じ表記形態をとることによって、「阿治志貴多迦比古泥能迦微」が「阿治志貴高日子根神」と同一の語であることをわかりやすくする。すると、この万葉仮名連鎖は「あぢしき」四字「たかひこねの」六字のあと「かみぞ」で歌謡を閉じる句であるが、そのように区切ってよむ手がかりになるのである。

阿米那流夜淤登多那婆多能宇那賀世流　天なるや　おと織女の　うながせる
多麻能美須麻流美須麻流迩阿那陀麻波　珠のみすまる　みすまるに　あな珠は
夜美多迩布多和多良須阿治志貴多迦比　や。　み谷ふた渡らす　阿治志貴高日
古泥能迦微曽　子根の神ぞ。

歌謡七番の表記の実態と歌意は右のようなものである。わかりやすくするために、文意には句の境界に空白を施して示した。この万葉仮名連鎖を区切ってよもうとするとき、前半を五七調の定型を手かがりにしてよみすすむと、「あなだまはや」は七字であることが期待されるところ、ア行音を含む六字で事実上五字相当の句になる。ア行音が含まれると字余りに数えられないからである。その後に休止を置いてうたったのであろうが、目で見るときは「あなだまは」「あなだまはやみ」「あなだまはやみた」と誤って区切る可能性がある。そして、「み谷」から後は全く定型にあてはまらない。そのとき「あぢしき」から後の万葉仮名連鎖が「阿治志貴高日子根神」だとわかれば、全体がよほどよみやすくなるであろう。つまり、この位置に直前の散文の部分と同じ「阿治志貴」の表記形態を採用したことは、「阿」の前に読点を施したのと等しいのである。言い換えると、「治」「貴」は、発音をあらわすはたらきでは「遅」「紀」と等価値であるが、万葉仮名連鎖の区切り方に関与する情報を負担させられている点で価値が異なる。歌謡に用いる万葉仮名のなかで特異な字体であることが、その機能をはたしているのである。

八の2の2　踊り字による連続表示機能の統制的な使用

同じ音節をあらわす万葉仮名の字体の使い分けのほかに「全以音連者、事趣更長」という問題意識を解決する工夫として、古事記には踊り字の統制的な使用が行われている。

踊り字とは前の字と同じ字が続くことをあらわす字であるが、万葉仮名のなかに使われると同音節の連続をあらわすことになる。それが、古事記の歌謡の万葉仮名連鎖では字体の変異と表裏一体の機能をはたしている。視覚上、字体の変化は非連続を感じさせるのが自然であり、それが万葉仮名連鎖を区切ってよむ手がかりとしての効果をもたらす。それに対して、踊り字は、連続を感じさせるのが自然であるから、万葉仮名連鎖のつながりを示す効果をもたらす。

そこで、古事記の歌謡において、同音節の連接に相当する位置が、句の頭すなわち意味上で切れるところにあたる場合と、句中すなわち意味上で続くところにあたる場合とを調査すると次のようになる。句の単位で考えるのは、前の節で述べたように、歌謡で言語単位として意識されていた可能性が大きいからである。

句中で意味上続けば踊り字をあてる

まず句中の位置は、当然ながら、ほとんどが万葉仮名と踊り字で表記されている。例外は十一例にすぎない。そのうち二例は、歌謡七二番、七三番のもので、「国に」を「久迩尓」と表記した例である。自立語末に「迩」をあて助詞に「尓」をあてたことになる（小松英雄氏『国語史学基礎論』笠間書院一九七三の三三五頁にこの指摘がある）。残りはすべてシの連接に相当する位置である。古事記において、その理由はいまだに不明であるが、シの音節が連接する位置は、必ず「斯志」または「志斯」と表記され、踊り字を用いて「斯々」「志々」と表記した例がない。何か特殊な事情があったと考えなくてはならない。句中で同音節が連接するときは万葉仮名と踊り字で表記されるのが原則であったと言える。

次に句の頭に相当する位置をみると、前句の末尾と別の字体をあてたものが九例、踊り字をあてたものが十二例ある。前者は非連続をあらわしていると考えて良い。そのうち四例はシの音節の連続なので、今、考察の対象から除外すると、残り五例は、はたして、同一声符字の意図的な併用か特異字体かになっている。たとえば下巻の歌謡五三番は、第二句と第三句「小舟連らく。黒ざやの」の境界にあたる「ららく。黒」の位置が特異字体「羅」と同一声符字「玖」「久」を用いて「…羅々玖久…」と表記されている。この歌謡は短歌形式であるから、万葉仮名連鎖を区切ってよむのに困難はないが、第二句で文意が切れることを明示したのであろう。のみならず、この位置を踊り字で表記すると「…羅々久々…」となるが、その表記形態は「らくらく」を書くときに用いるものなので、誤読される。書き写す際に損なわれる危険性も大きい。それも防止していると考えてよい。また歌謡五八番は、第一四句の句頭の位置に特異字体「芝」が用いられている。第一三句の末尾は「斯」である。第一二句第一三句「其《し》が花の　照りいまし」と第一四句第一五句「其《し》が葉の　広りいますは」は、対句をなしている。対句の境界の不連続が「…斯芝…」によって明示されているのである。その効果は、第一四句が字足らずであることの示唆にもなる。

意味上で続けば句頭でも踊り字をあてる

問題は、後者の十二例、句の頭に踊り字があてられて、言語単位の境界でありながら連続を示している例である。左にその前後二句の万葉仮名連鎖を掲げる。

① 久夫都〻伊　〻斯都〻伊母知　歌謡一一　くぶつつい石つつい持ち
② 久夫都〻伊　〻斯都〻伊母知　同右　〃
③ 伊波多〻須　〻久那美迦微能　歌謡四〇　いはたたす少な御神の
④ 波都迩波　〻陀阿可良氣美　歌謡四三　初土は膚赤らけみ
⑤ 都藝泥布夜　〻麻志呂賀波袁　歌謡五八　つぎねふや山代川を
⑥ 都藝泥布夜　〻麻斯呂賀波袁　歌謡五九　〃
⑦ 宇知斯淤富泥　〻士漏能　歌謡六二　打ちし大根根白の
⑧ 多都碁母〻　〻知弖許麻志母能　歌謡七六　たつごもも持ちて来ましもの
⑨ 意富袁尓波　〻多波理陀弖　歌謡九〇　大峰には幡はり立て

⑩　佐袁〻尓波　〻多波理陀弖　同右　さ小峰には幡はり立て
⑪　微能佐加理毘登　〻母志岐呂加母　歌謡九六　身の盛り人ともしきろかも
⑫　泥婆布美夜　〻本尓余志　歌謡一〇一　ねばふ宮やほによし

用例①②と⑨⑩は、各二句が対句をなす。これらは、万葉仮名の連鎖をひと続きによむように書かれていると考えてよい。

用例③⑤⑥は、すべて歌謡冒頭の枕詞と被枕詞である。連続を示す形態に表記されるのは自然な傾きであろう。用例⑦も、この位置が「つぎねふ山代女の木鍬もち打ちし大根《おほね》」という序詞と、被序詞「根白《ねじろ》の」との接点である。

残りは個別に説明を要する。用例④の歌謡四三番は、二二八字からなる長大なもので、しかも、全四十句中の十八句が四字または六字からなっている。五七調でよみすすめることが困難なのでいくつもの工夫がこらされている。そのなかの一つの処置と考えてよい。当該の第二三句第二四句は「初土《はつに》は　膚《はだ》赤らけみ」という歌意である。特異字体の「可」も用いられている。踊り字でこの前後十一字をひとつづきに読むように促したのであろう。「初土は」は文の主語であるから通常なら非連続の表示がなされるところであるが、この十一字は、誤って六字と五字とに区切ってよまれる危険性をもっている。六字目「陀」は濁音ダに専用の万葉仮名であるから前に続く。古代語では濁音が語頭にたたないからである。七字目「阿」はアの万葉仮名であり、古代語ではア行音は必ず語頭であるから、「はつにははだ」「あからけみ」と区切ってよむのがむしろ自然なのである。そのように誤読される危険性に注意を促すために特異字体「可」を用い、かつ踊り字で連続を指示したのであろう。

次に用例⑧は、短歌形式の第三句第四句「立薦も　持ちて来ましもの」に相当する。この歌謡の文脈は、第一句第二句が「丹比野に寝むと知りせば」であり、第三句第四句の後に「寝むと知りせば」がくり返される。その後半のまとまりを示したのであろう。ただし、モの音節が三つ続くこの位置は古写本のすべてに錯綜があるので確かなことは言えない。

次に用例⑪は、短歌形式の第四句第五句「身の盛り人　ともしきろかも」に相当する。この歌謡は、第三句までが「くさか江の入江の蓮花蓮《はちす》」という序詞であるから、それをうける後半部分のまとまりを示したのであろう。

最後に用例⑫は例外とするほかない。歌謡冒頭の「まきむくの　日代の宮は」という主題をうけて「…の　…宮」という語句が五組続く、その四組目と五組目の境界にあたる位置であるから、区切ってよむ手がかりが施されているのが望ましい。その期待に反して、区切るべき位置に連続が指示されている。この一〇一番は、四六句に及ぶ長大な歌謡であるのに、全体に万葉仮名連鎖を区切ってよむための配慮に欠けている。古事記の選録時、原資料を充分に推敲しないままに収録されたのであろうか。それとも原本に施されていた表記上の処置が転写の過程で失われてしまったのであろうか。

以上、例外もあるが、この節のはじめに予想したところが裏付けられる。同一声符字の意図的な併用や特異字体の利用と一体になっていることも確認できる。ただ、このような方法は、文脈に応じて、適用が可能な位置に限って施されたものである。句読点のようにあらかじめ表記法として用意されているのではなく、その場限りの配慮である。

八の2の3　歌謡の前後に改行が施されていた可能性

なお、「全以音連者、事趣更長」という問題意識にかかわる工夫として、古事記の原本では歌謡の前後に改行が施されていた可能性がある。

現代の表記では、文章の頭の一字を下げ、末尾は余白を残して改行する。引用文は全体を二字または三字下げる。本文と引用文との間に行を空けることもある。それらは、文章の各部分の切れ・続きを明瞭にするための処置である。万葉集は、現存する古写本の状態からみて、成立当時から、漢文で書かれた詞書と日本語の歌の本文との間にその様な処置が施されていた可能性が大きい。しかし、古事記では、現存する写本すべて、散文の部分に続けて歌謡が書かれ、歌謡の末尾に続けて散文が書かれている。現代の活字印刷で言う「追い込み」の組み版の状態である。

歌謡はその直前に「歌曰」と書かれて出てくるし、右に述べたように一目みて歌謡であるとわかるような万葉仮名で書かれているから、その必要はなかったかもしれない。しかし、散文の部分と歌謡が別行仕立てになっていれば読解が一層容易なはずである。前の二節にみたとおり、古事記の選録者たちは、万葉仮名の連鎖を区切ってよませるために種々の工夫をこらしている。その他にも、漢字の訓よみにかこまれた万葉仮名の部分が読み手にわかるように神経質に配慮している。たとえば上巻のはじめの方に「久《く》羅《ら》下《げ》那《な》州《す》多《た》陀《だ》用《よ》弊《へ》流《る》之時」という「一句之中、交用音訓」の方法で書かれた句があるが、この後に「流字以上十字以音」と注が付けられている。「久」から「流」まで万葉仮名だと言っているのである。このような意識をもつ選録者たちであるから、改行の配慮があってもおかしくない。

諸写本に残る改行の痕跡

その痕跡が古事記の諸写本にある。古事記の最も古い写本は真福寺本《しんぷくじ》であるが、その中巻に三ヵ所、左の図Aのような「|」記号と注記がみられる。

…伊須気余理比賣而以歌曰|○御本此間無字 於天皇曰夜麻登能…

この「御本」とは真福寺本が参照した古事記の写本である。その写本では「|」の位置に字が書かれず空白になっていると言うのである。下巻にも六ヵ所、左の例のような「|」記号がみられる。「御本」の注記はない。

…和礼須和礼未夜―又歌曰夜麻登弊迩由玖波多賀都麻…

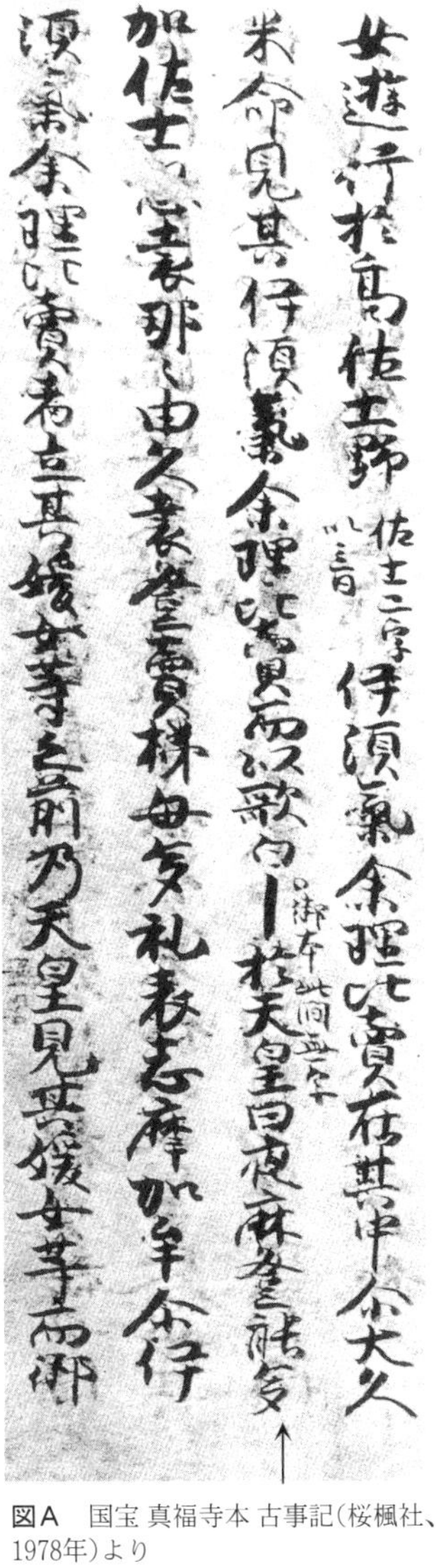

図A　国宝 真福寺本 古事記（桜楓社、1978年）より

これら九例のうち八例の「―」記号は行の途中にある。つまり、真福寺本を書いているときに行末を空けて改行し空き間を「―」で埋めたのではない。書き写すもとになった写本でその状態になっていたのである。そして、この真福寺本の「―」記号はいずれも歌謡の前後にあらわれている。これを以下のように想像すると説明が整合する。原本では歌謡の前後で改行して書かれていたのが、写本から写本へ書き写されるうちに追い込みに変わった。転写の中途の経過で、歌謡の字句がおわった後の行末の空白を「―」記号で埋めて、続く散文を追い込みに書いた。次の転写で一行の字数が変わったとき、行末から行中に移った。真福寺本の姿はその状態を示している。

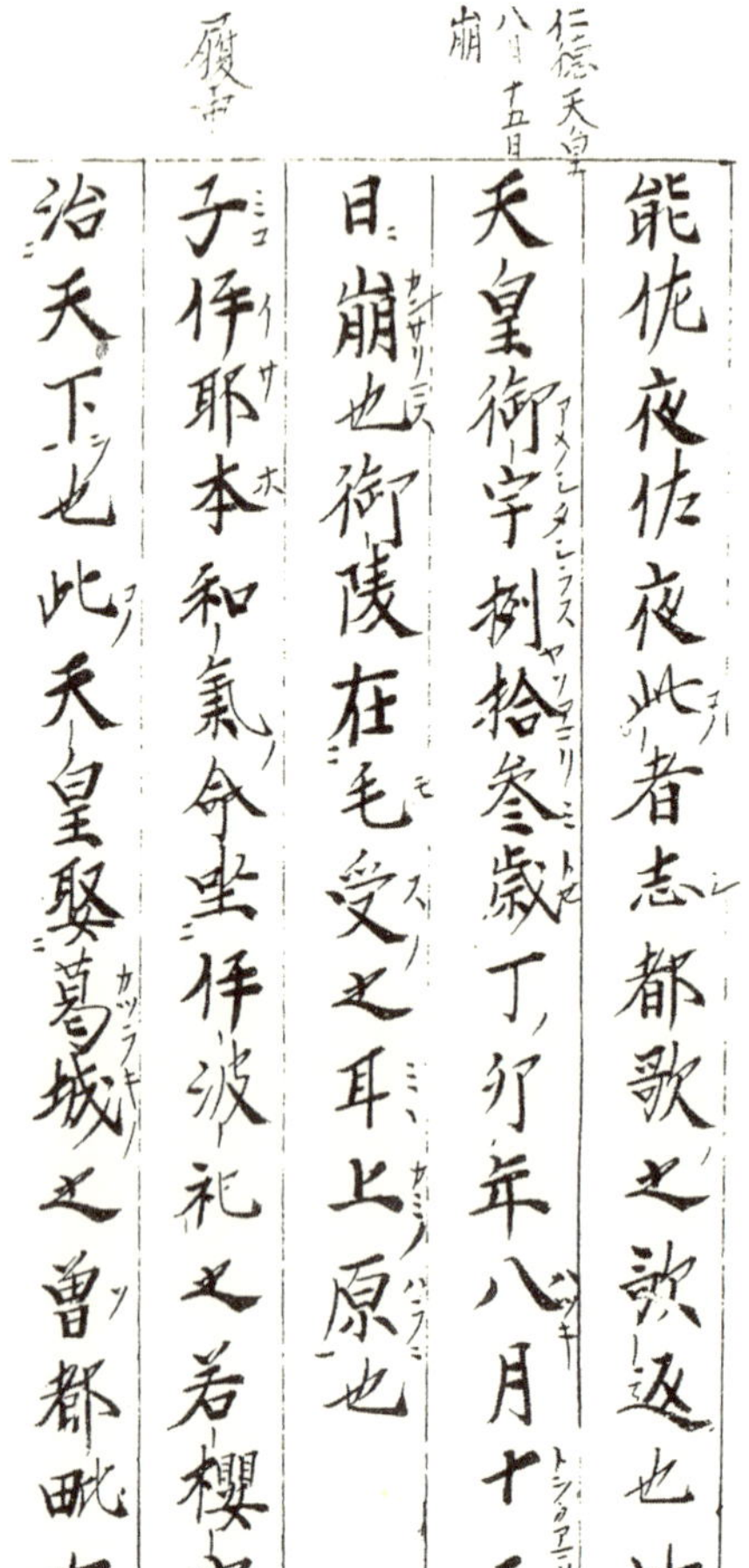

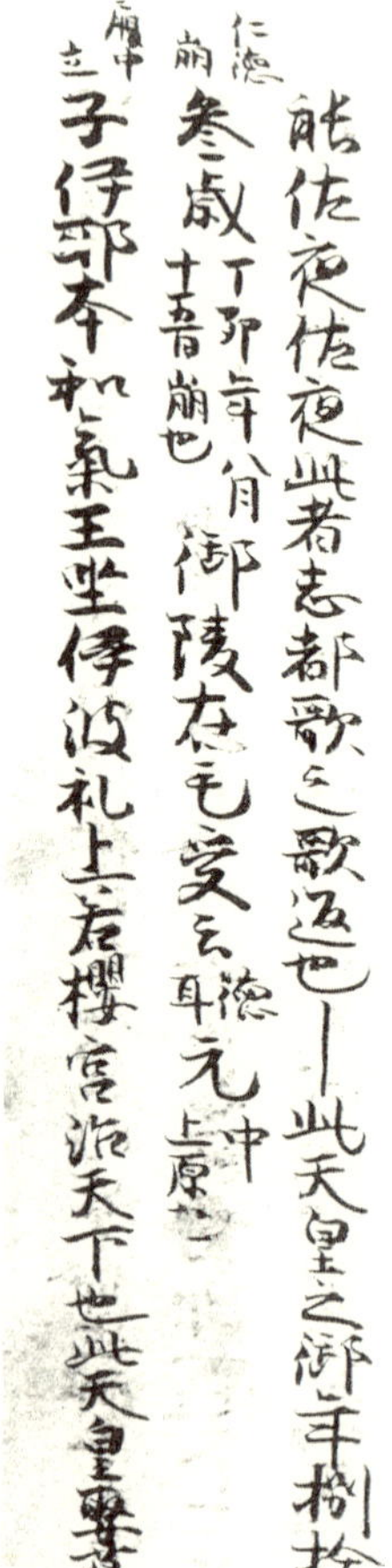

図Ｂａ　兼永筆本 古事記（勉誠社、1981年）より
図Ｂｂ　真福寺本 古事記（桜楓社、1978年）より

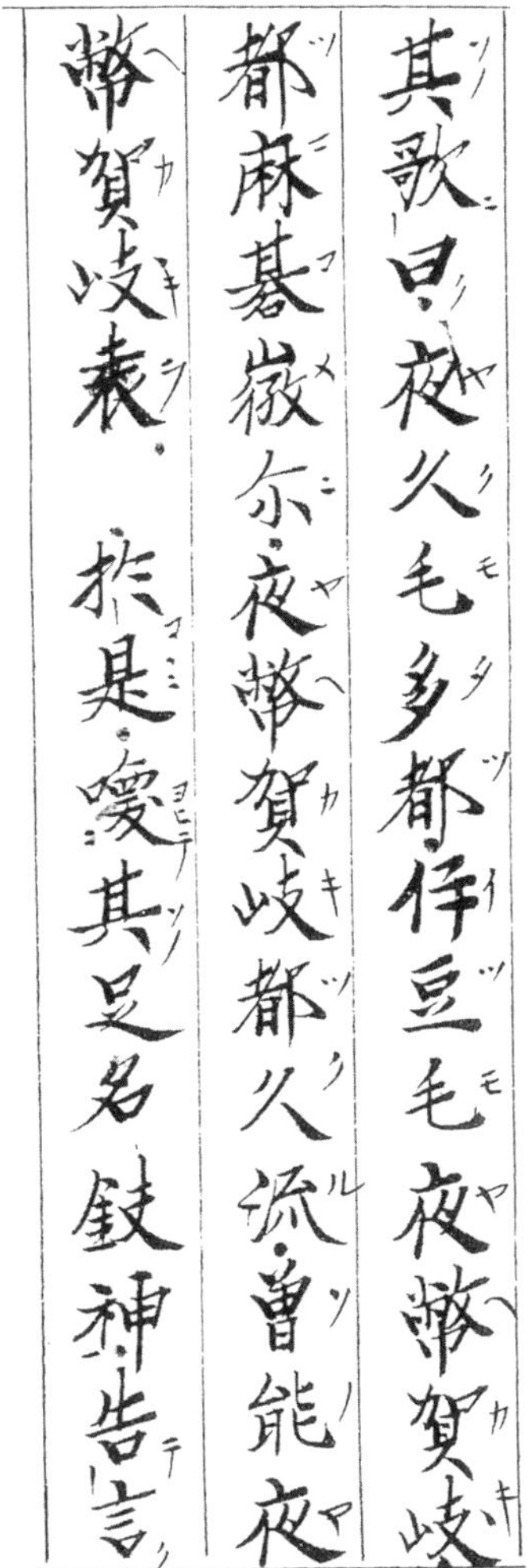
其歌曰夜久毛多都伊豆毛夜幣賀岐
都麻碁微尓夜幣賀岐都久流曽能夜
幣賀岐袁。於是喚其足名鉏神告言

図C　兼永筆本 古事記（勉誠社、1981年）より

これが歌謡に改行が施されていたと筆者が推定する根拠の一つである。

もう一つ根拠がある。古事記の写本として真福寺本よりは新しいが並ぶ価値をもつと言われる兼永《けんえい》本（鈴鹿本とも呼ぶ）がある。占部家による古事記研究の成果にもとづいて占部兼永が書き写したと言われている。その兼永本の上巻は、神々の事績に関する記事のまとまりごとに記事の末尾で改行が施されている。これと真福寺本その他の写本の状態とを見比べると、同じ位置に改行や一字空白が一致して施されている例が多い。下巻も、兼永本は各天皇の記事の末尾で原則として改行され、次の天皇の記事は行頭からはじまっている（図Ba）。真福寺本にもその傾向が認められる（図Bb）。中巻についてはそれが確認できないが、古事記の写本は、一時期、中巻だけが別の所に行っていたらしいと言われているので、そのことにかかわる問題であろう。こうして、古事記の原本は神々や天皇の事績ごとに改行して書かれていたと推定できる。その改行が歌謡の前後にも施されていたのではないかというのが、もう一つの根拠である。兼永本の上巻は歌謡一番の後に一字空白がある（図C）。真福寺本の上巻は歌謡二番の冒頭から改行されている。真福寺本と近い関係にある写本の伊勢本は上巻の歌謡をすべて改行にしている。これらをその痕跡と考えて良いであろう。

文脈の切れ目を表示する伝統

文脈が大きく切れるところで改行したり一字空白を入れる書記方法は、古事記を選録したときに始まったのではない。それ以前に漢字で日本語の文を書くための工夫が積み重ねられた成果であり、その起源は朝鮮半島にある。詳しく知りたい読者は拙著『木簡による日本語書記史』（笠間書院二〇〇五）の第二章の二をおよみいただきたい。

一九八五年に、滋賀県西河原森ノ内《にしがわらもりのうち》遺跡から、左のような文面の木簡が出土した（木簡学会『日本古代木簡選』岩波書店一九九〇に所収）。七世紀末に書かれたものと推定されている。

（表）椋直傳之我持往稲者馬不得故我者反来之故是汝卜部

（裏）自舟人率而可行也　其稲在処者衣知評平留五十戸旦波博士家

文意は「椋直《くらのあたひ》が傳える。私が持って行く稲は（運ぶための）馬が用意できなかったので私は帰って来た。だから貴殿、卜部が、自ら舟人を引率て行くべきだ。其の稲の在り処は衣知評の平留五十戸の旦波博士の家。」のようによめる。三つの文からなるが、裏側の前半までが稲の運送の事情説明、その後が稲の保管場所である。文意の切れるところが一字空白によって明示されている。念のため述べておくと、木簡では表から裏へ文が続くことがめずらしくないので「卜部《うらべ》」から「自《みづから》」へ文意が続く。この木簡の文体は、漢字の並べ方がほとんど日本語の文そのままになっている。返読するところは「不得」「可行」程度である。この「不」「可」は助動詞「ぬ」「べし」をあらわしているし、「者」「而」は助詞「は」「て」をあらわしている。古事記の文体は、こういうものをもとに「精錬」してできたのである。

文意の切れ目に一字空白を入れる方法は、日本列島に先んじて朝鮮半島で行われていた。古代の朝鮮半島の言語は、現代と同じく、日本語と文法がよく似ていたらしい。その固有語を漢字で書きあらわすために開発された工夫の一つであった。それが日本列島に輸入されたのであろう。たとえば『壬申誓記石《じんしんせいきせき》』と呼ばれる新羅の小さな石碑がある。「壬申」は西暦五五二年あるいは六一二年にあたる。二人の青年が、修養して国のためにつくすことを誓って刻み、地中に埋めたものである。その文章は五行に書かれているが、四行目のはじめの三字「行誓之」までが「壬申年」に誓った内容、その後に一字分の空白があり、続いて「又別先辛未年七月廿二日大誓…」と以前に誓った内容が書かれている。この石碑の漢字列も、「また別に先の辛未年の七月廿二日に大いに誓った」のようによむことができ、当時の新羅語の文そのままに漢字が並べられている。なお、この「之」は古代の朝鮮半島の変体漢文で文の終止を示す助字としてさかんに用いられたもので、上の森ノ内遺跡の木簡にもあらわれているように、日本でも用例が多い。

このように字と字との間隔が句読に関与している例は、古事記より後の日本の文献にもしばしば見られる。本書の最後にふれる正倉院の万葉仮名文書のうち甲文書もそうである。平安時代以降もさがせばいくらでもみつかる。古事記の写本に改行でなく一字空白が施された例があるのも、同じ線上にあると考えて良い。

八の2の4　歌謡に施された句読のための仕組み

ここまでに述べてきたように、古事記の歌謡の表記には、「全以音連者、事趣更長」という問題を解決するために、万葉仮名の連鎖を区切ってよませるための工夫が様々に施されている。この章のまとめとして、上巻の歌謡五番（注釈書によっては四番になっている）を例に、表記の仕組みの全体像をみてみよう。

左は私見によって原本の様子を再現した歌謡五番である。古事記の原本は一行十七字詰に楷書で書かれた巻子本《かんすぼん》であったと筆者は考えている。根拠は、奈良時代に日本で書写された経典がすべてそうだからである。古事記の写本のなかで比較的に古く内容も良いとされる兼永本《けんえい》の姿もそうである。また、前節に述べたように、歌謡の前後は改行が施されていたと考えている。それを前提として、古事記の諸写本を比べ合わせて原態の再現を試みたものである。説明を加える箇所をアラビア数字で示している。下に添えた歌意には、説明の都合上、一句の字数が五または七でないものに波線を付けた。

奴婆多麻能久路岐美祁斯遠麻都夫佐尓[1]
登理与曽比淤岐都登理牟那美流登岐波

ぬばたまの　黒き御衣を　ま具さに
とり装ひ　沖つ鳥　胸見る時　羽

多々藝母許礼婆[2]布佐波受弊都那美曽迩[1]
奴岐宇弖蘇迩杼理能阿遠岐美祁斯遠麻
都夫佐迩登理与曽比淤岐都登理牟那美
流登岐波多々藝母許母布佐波受弊都那
美曽迩奴棄[3]宇弖夜麻賀多尓[1]麻岐斯阿多
泥都岐曽米紀賀斯流迩斯米許呂母遠麻
都夫佐迩登理与曽比淤岐都登理牟那美
流登岐波多々藝母許斯与呂斯伊刀[4]古夜
能伊毛能美許等[4]牟良登理能和賀牟礼伊
那婆比氣登理能和賀比氣伊那婆那迦[5]士
登波那波伊布登母夜麻登能比登母須
々岐宇那加夫斯那賀那加麻佐久阿佐阿
米能疑[6]理迩多々牟叙和加久佐能都麻能
美許登許登能加[7]多理碁[7]登母許遠婆

叩ぎも　これば適はず　辺つなみ　背に
脱き棄て。そに鳥の　青き御衣を　ま
具さに　とり装ひ　沖つ鳥　胸見
る時　羽叩ぎも　こも適はず　辺つな
み　背に脱き棄て。山懸に　蒔きしあた
ね衝き　染木が汁に　染衣を　ま
具さに　とり装ひ　沖つ鳥　胸見
る時　羽叩きも　こしよろし。愛子や
の　妹の命　群鳥の　我が群れい
なば　引け鳥の　我が引けいなば　泣かじ
とは　汝は言ふとも　やまとの　一本す
すき　項傾し　汝が泣かまさく　朝あ
めの　霧にたたむぞ　若草の　妻の
命　ことの語りごともこをば

全四八句、二七〇字に及ぶ長大な歌謡である。この万葉仮名連鎖を歌意にそって言語単位に区切ってよむのは容易でない。まさに「全以音連者、事趣更長」の状態である。とくに、冒頭から第三一句までの、各十句からなる三連の対句（その末尾を。で示した）をよみとるのが大きな問題である。そのためにいろいろな工夫が施されている。

1　古事記の原本が一行十七字の字詰めで書かれていたとすると、一行目と三行目でニの音節にあたる位置が一行置いて隣り合うことになる。その位置が［尓］［迩］で表記し分けられているのは、同一声符字の意図的な併用である。その効果はいわゆる目移りの防止のためであろう。この結果、前の歌謡に続いてこの位置まではニの万葉仮名として「尓」が使われていたのが、三行目から「迩」に変わる。そして、七行目の一二字目で一度だけ［尓］に戻る。その前と後が非定型句であるから、ここで「夜麻賀多尓」という句の末尾を示そうとした策であろう。この処置は後に3で説明する「棄」とともに機能している。

2　冒頭から五七調に従って「ぬばたまの黒きみけしを　まつぶさに取りよそひ　沖つ鳥」とよみすすむと、次の第六句「胸見る時」が字足らずである。その後の万葉仮名連鎖「牟那美流登岐波多々藝母許礼婆布佐波受…」は、誤って「波」の位置で区切って「胸見る時は」の意によまれる可能性がある。改行が施されて歌謡の冒頭が行頭からはじまっていたとすると、「波」の位置が二行目の末尾になるので、その危険性はますます大きい。その場合、その後の万葉仮名連鎖の区切り方の選択肢は「多々藝母許」「多々藝母許礼」「多々藝母許礼婆」のいずれかである。一番目は、次の「礼」に相当するラ行音は語頭であり得ないから成り立たない。古代語にラ行ではじまる単語はなかったからである。二番目の選択肢も次の「婆」によって排除される。濁音専用の字体の位置は言語単位内に相当するはずだからである。実は、この「婆」は、係助詞「は」に相当する位置にあてられているので、「清濁」表記の異例である。古代語では濁音は語頭にたたないからその位置は前に続くはずである。そのため、濁音専用の字体は、視覚上、前へ連続することを示す効果をもたらす。それを利用して、「は」を［婆］で書き、この前後の万葉仮名連鎖の区切り方の自由度を狭めようと意図したのであろう。こうして、第六、七、八句に相当する万葉仮名連鎖の区切り方の自由度は「多々藝母許礼婆」に相当する語句があり得るか否かだけが残されることになる。それが否定されると、ひるがえって第六句の字足らずに思い到るであろう。そのようにして「沖つ鳥　胸見る時　はたたぎも」を正しく区切ってよむことができたなら、この語句は三度くり返されるから、以下の三連の対句を読み取るために有力な手がかりになる。

3　七行目五字目の［棄］は特異字体である。対句の一部分をなす「辺つ波背に脱き棄て」という同一語句がくりかえされるとき、その表記形態のなかの一字を「岐」から「棄」に変えたものである。「棄」をあてたことによって、書かれている「脱き棄て」という歌意をわかりやすくする効果がある。その結果、前後の万葉仮名連鎖を区切ってよむための手がかりになっている。それなら、なぜ対句の前半でこの処置がとられなかったのかという疑問がわくであろう。その理由は次のように説明できる。まず、前半の「辺つ波背に脱き棄て」の前の句は七字の「これはふさはず」であるから定型でよめるが、後半の同一句の前は字足らずの六字「こもふさはず」なので、処置を厚くした。そして、先に1の末尾でふれた「山縣に」の「尓」とあわせて、ここで万葉仮名連鎖の区切り方をとくに明示した。というのは、その後に続く「麻岐斯阿多泥都岐」がア行音を含む八字で事実上七字相当の句になり、その後に五字の句が期待されるところ七字の「曽米紀賀斯流迩」が続き、その後は字余りの「斯米許呂母遠」だからである。なお、「泥」の位置は諸写本上の字面に問題があるが説明を省略する。

4 この「刀」「等」は特異字体である。ト甲類の万葉仮名の字体は古事記の全体では「斗」と「刀」の使用数が拮抗しているが、歌謡に使われた「刀」はこれ一例である。ト乙類の万葉仮名は「登」が標準で、歌謡に使われた「等」はこれを含めて三例のみである。冒頭から第三一句までの三連の対句がおわり、その後がこの「いとこやの妹の命」である。文脈の変わり目と、六字の句の末尾に相当する位置を示す手がかりになっている。

5 この位置がこの歌謡の中でカの音節の初出である。そして、その次にでてくるカの音節が、この位置と同じくナの音節に後接してあらわれる。そこで、ここでは「那迦」をあて、次は、表記の形態を変えて「那加」をあてている。それに従って、この歌謡の残りのカの位置にはすべて「加」があてられている。

6 この「疑」は「きり」の語頭にあたる。「朝雨の霧にたたむぞ」は五七の句なので区切り方に困難はないが、このような枕詞と被枕詞の間には臨時の「連濁」が生じることがあった。万葉集の巻五の八八五番歌には「宇知比佐受宮弊能保留等…」という表記がある。枕詞「うちひさす」の末尾の「す」の位置に濁音ズの万葉仮名「受」があてられている。ここでも枕詞と被枕詞「みや」との間に臨時の「連濁」が生じている。語句の結合の度が深いからであろう。興味深いことに、この万葉集の例は「宮へのぼる」のボには「保」をあてている。濁音ボには「煩」などの専用の字体があるが、清音ホの字体を濁ってよませる表記になっている。発音の清濁からみると余剰の現象と不足の現象とが同居していることになる。この用例の「受」は、発音を精密に示すことよりも、文字連鎖の切れ・続きを示すことに主眼を置いて使われていると考えざるを得ない。ここに使われた「疑」も同じであろう。

7 この「加」「碁」は、同一声符字の意図的な併用である。歌謡二番から五番までは、すべて末尾が同じ「ことのかたりごともこをば」という語句である。その表記の形態を、カとゴ乙類の字体「加・迦」「其・碁」を順次入れ換えている。各歌謡の終わりを明示し、目移り防止の効果をねらったものであろう。

漢字仮名交じりの先駆け

なお二つのことをこの章のまとめとして述べる。一つは、特異字体の来源である。同じ音節を書きあらわすには、漢字の音が同じか類似であれば、複数の万葉仮名の字体を選択して使い得る。選んだ字体の違いを視覚的な効果に利用しているわけであるが、これらは、古事記の選録時に採用されたものか、それとも、選録者たちがみた資料の表記から受け継いだものか。おそらくその両方があったであろう。この歌謡五番の「棄」について、亀井孝氏は、資料に「そにぬきうて」

が「曽迩脱棄而」のような表記で書かれていたのを継承したのではないかと述べている（『古事記はよめるか』『古事記大成3 言語文字篇』平凡社一九五七）。本書の筆者の考え方は少し異なる。古事記の選録者たちが歌謡をどのように表記しようかと試行錯誤したとき、そのような試案があったのを生かしたのである。というのは、七、八世紀の韻文を書いた木簡は、ほとんどが万葉仮名で一字一音式に書かれている。とくに七世紀のものはすべて一字一音式である。発音を示すことに主眼を置いて書かれたのであろう。この物証から考える限り、歌謡の語句を「脱棄而」のように漢字の訓よみで表記するのは後発的な方法であるから、八世紀初頭に古事記の選録者たちが資料にした歌謡は万葉仮名で書かれていたはずである。八世紀初頭までの万葉仮名は、漢字の音よみを借りたものに訓よみを借りたものを交えて使うのが常態だったし、一、二字なら訓よみの漢字を交えることにも頓着していない。たとえば徳島県観音寺遺跡や奈良県石神遺跡から出土した「難波津の歌」を書いた木簡は、いずれもヤの万葉仮名に訓よみを借りた「矢」を使っている。この下地があったので、古事記の歌謡の万葉仮名に表音と表意兼用のものが導入されたとしても不審に思うべき筋はない。むしろ、後の漢字仮名交じりの先駆けと評価して良いだろう。

変体仮名の使いわけから句読点へ

もう一つは、字体の変異を文字連鎖を区切ってよむための手がかりとして利用する方法の、その後の歴史である。平安時代以降、平仮名で日本語を書きつづるようになると、墨継ぎ、連綿、字配りなどによる仮名連鎖の緩急が区切ってよむ手がかりになる。しかし、書き手が仮名連鎖の区切り方に制限を施そうと意図したときには、字体の変異を利用する表記法が行われた。これについては、小松英雄氏が藤原定家自筆本で平仮名の字体の変異が意図的に使われていることを明らかにした（「藤原定家の文字づかい」『言語生活』二七二号一九七四、五）。先の歌謡五番の問題箇所1のように同じ音節が隣り合ったとき仮名の字体を変えたり、ア行とワ行のかけことばの位置に特殊な字体をあてたりしているのである。それ以来、多くの研究者が各時代にわたって同様の事実を指摘した。今では変体仮名の字体の変異を専門に論じた著述もある（たとえば今野真二氏『仮名表記論攷』清文堂出版二〇〇一）。一例をあげよう。現代仮名遣いで助詞「は」「へ」「を」は歴史的仮名遣いに従い、発音通りに書かない。実はこの「は」の書き方は中近世の変体仮名の用法を継承している。当時、平仮名で文章を書くとき、助詞「は」に片仮名「ハ」をあてて書くこと多かった。日本語の文型は「…は…する」「…は…だ」という形が基本である。主題を他のハの仮名とは視覚上で違いの目立つ「ハ」をあてて明示するのは、人の発想として自然である。この章に述べたところは、そのような発想が漢字を使って日本語を書きはじめた当初からあったということである。かつて筆者がこれを発言した際、想像力に欠ける人たちにはなかなか受け入れられなかったが、何でもないことである。文字でものを書こうとするとき誰でも思い付くような工夫が実際に行われていたと指摘したにすぎない。ただし、助詞「は」に「ハ」をあてて書く約束が中近世にあったわけではない。何でも規則としてたてようとする人も、こういう問題が正しく認識できない。それにしても、そのような方法は、実用向きでない。中世以降、次第次第に句読点が導入されるようになる。それが日本語の文字にとって真の発達のみちであった。

第九章　日常業務と教養層の漢字使用―平仮名・片仮名の源流

第七章では漢字と日本語とが接触する様子を考察した。第八章では漢字を使いこなして日本語の語と文を書きあらわすために行われたさまざまな試みの様子を考察した。この章では、漢字から日本語の固有の文字である仮名がつくられる経過を考察する。

西暦七〇〇年前後の日本における漢字使用の状況を俯瞰すると、先に第五章でふれたように、書き手や場面の相違に対応して文体や万葉仮名の種類が使い分けられていた。日常実用の業務では、文体は日本なまりの強い変体漢文体が主流であり、万葉仮名は字体が簡単で発音の清濁を書き分けないものが使われていた。それに対して、外国を意識したり貴族層に読まれることを眼目に置いた文献は、正式の漢文で書かれ、万葉仮名も良い意味の字を選び発音の清濁を書き分けていた。平仮名・片仮名の源流は前者、日常実用の場にあった。後者の文献、いわゆる記紀万葉の類は、八世紀日本における漢字使用の精髄を示すが、歴史的には一過性の存在である。

万葉仮名のなかで平仮名や片仮名の字源になったものは、八世紀にはどのように使われていたか。先にもふれた「止」は平仮名「と」片仮名「ト」の字源であるが、古事記、日本書紀、万葉集には使われていない。木簡などにはさかんに使われている。記紀万葉の類では「等」を多く使い、「登」を使うときもある。木簡などの万葉仮名に「止」と「等」が同居した例はあるが、「止」と「登」が同居した例はない。このように、八世紀の万葉仮名の字体には、木簡のような日常実用の業務に使われたものと記紀万葉のような教養層の文献で使われたものとの間に、ある種の対立があった。ト乙類の万葉仮名なら「等」をはさんで「止」と「登」とが対立していたことになる。また、訓よみを借りた万葉仮名「女」は平仮名「め」の字源であるが、記紀には用例がない。万葉集には純粋の表音用法では使われず、先に第六章でふれた「あやめ草」を「安夜女具佐」と書きあらわした例のように意味を意識して使われている。これに対して、大宝二（七〇二）年度の美濃戸籍の人名に「志女移」という女性名があり「しめや」とよむ。この用例では「女」は単にメという発音をあらわしているだけである。このように、万葉仮名「女」は古くからあったが、その用法には文献によって違いがあった。さらにまた、万葉仮名「伊」のように、八世紀以前のどの文献にも使われ、片仮名「イ」の字源になったものもある。以下、八世紀に使われた万葉仮名を広く調査して統計をとることにより、この全体像をとらえようとこころみる。

九の1　万葉仮名と仮名との連続・不連続

最初に、七世紀から九世紀はじめまでに、どのような漢字が万葉仮名として用いられ、そのなかでどの字が片仮名・平仮名の字源になったかを概観する。

表一は、八世紀の実用的な文献の代表として大宝二（七〇二）年度の美濃戸籍、教養層の文献の代表として和銅七（七一二）年選録の古事記をとりあげて、その万葉仮名を比較したものである。あわせて、九世紀はじめの訓点の仮名から、その字源をあげて比較する。平安時代初期の「成実論《じょうじつろん》」「大乗掌珍論《だいじょうしょうちんろん》」「四分律刪繁補闕行事鈔《しぶんりつさくはんほけつぎょうじしょう》」「金光明最勝王経《こんこうみょうさいしょうおうぎょう》」（中田祝夫氏『古点本の国語学的研究　総論篇』【改訂版】勉誠社一九七九付録の「略体仮名字体表」による）の訓点に使われたものである。訓点とは、漢文の訓読の仕方を示すために漢文に書き入れた記号の類を言う。そのなかに万葉仮名を簡略化した字で漢字の訓よみや助詞・助動詞・送り仮名を書いたものがある。それが片仮名の起源である。これと比較することで、美濃戸籍と古事記の万葉仮名と、片仮名との、連続・不連続の見通しが得られるであろう。それぞれ、使用頻度第一位のものを示す。仮名に濁音専用の字体はないので濁音節は除外し、八世紀に上代特殊仮名遣いが行われていた音節については、イ列音とエ列音はいわゆる甲類に相当するもの、オ列音はいわゆる乙類に相当するものに限る。

表一

	美
a	阿
i	伊
u	宇
e	衣
o	意
ka	加
ki	伎
ku	久
ke	祁
ko	己
sa	佐
si	志
su	須
se	西
so	曽
ta	多
ti	知
tu	都
te	弖
to	止

古	訓
阿	阿
伊	伊
宇	宇
愛	衣
意	於
加	加
岐	支
久	久
祁	介
許	己
佐	佐
斯	之
須	須
勢	世
曽	曽
多	太
知	知
都	ッ
弖	弖
登	止

	美	古	訓
na	奈	那	奈
ni	尓	迩	尓
nu	奴	奴	奴
ne	尼	泥	祢
no	乃	能	乃
fa	波	波	波
fi	比	比	比
fu	布	布	布
fe	へ	幣	へ
fo	富	富	保
ma	麻	麻	万
mi	弥	美	見
mu	牟	牟	牟
me	賣	賣	女
mo	毛	母	毛
ya	也	夜	也
yu	由	由	由
ye	枝	延	江
yo	与	余	与

	美	古	訓
ra	良	良	良
ri	利	理	利
ru	留	流	留
re	礼	礼	礼
ro	呂	呂	呂
wa	和	和	和
wi	井	韋	為
we	恵	恵	恵
wo	乎	袁	乎

古い層の万葉仮名が仮名につながる

こうしてみると、美濃戸籍の万葉仮名が訓点とよく一致することがわかる。先に述べたようにここには第一位の字体だけを掲げているので美濃戸籍の「支」「つ」「女」などを加えるとさらに一致の度が大きくなる。また、ムの万葉仮名「牟」は古事記では楷書体であるが、美濃戸籍では「ム」に略しているのですでに片仮名と同じ形である。十年遅く成立した古事記の方が百年後の訓点に遠いのであるから、美濃戸籍と古事記との間には、時間的な推移と別の要因による相違がある。それは使用場面や目的に則したものであろう。

美濃戸籍の万葉仮名と訓点の片仮名とに共通するものを通じて、次の三つの特徴をあげることができる。

Ⅰ　字体が簡単である。例「つ」「へ」「ム」など。

Ⅱ　古韓音によって日本語の音節にあてられているものがある。例「支」「止」など。

Ⅲ　音よみを借りた万葉仮名のなかに訓よみを借りたものがまじる。例「女」「枝・江」「也」など。

それに加えて、この表にはあらわれないが、

Ⅳ　濁音専用の字体を使わない。訓点の片仮名には濁音用の字体がないが、美濃戸籍の万葉仮名も濁音専用の字体をほとんど使わない。例えば「かがみ」は「加々弥」と書く。それに対して古事記の万葉仮名は、後に明らかにするとおり、ほとんど完全に清音と濁音を区別して別の字体の万葉仮名をあてている。

日常業務用の万葉仮名が仮名の源流

実は、このⅠⅡⅢⅣの特徴は、先に第六章で述べたように、木簡などの出土資料に使われた万葉仮名の特徴なのである。七世紀以来、木簡や行政文書など日常実用の業務で使われていた万葉

仮名が、八世紀にも万葉仮名の基盤をなしていて、九世紀の片仮名へつながったという図式が成り立つ。木簡や行政文書に書かれた固有名詞は、要するに人の名が同認（identify の意。以下同じ）できればよく、それを書くときは効率が大切である。それに対して、古事記のような「はれ」の文献では、歌謡を書くときも日本語の発音を精密に示すことが目的になる。書き手は知的エリートであるから漢字に関する造詣が深く、その学識を傾けて漢字を使う。以下、このⅠ〜Ⅳの特徴に注目して八世紀の多くの文献にわたる調査を行い、その結果を整理分析して考察を加える。

九の2　漢字本来の機能からの離れ、濁音表示のゆるみ

特徴ⅠⅡⅢは、字体と漢字音との対応関係である。万葉仮名は、あらわそうとする日本語の発音と似た漢字音を媒介にして字体と日本語とを結び付ける。Ⅱの特徴となる古韓音による万葉仮名は、七、八世紀の中国の標準的な漢字音を基準にすれば、それと無関係に字体が日本語の発音と結び付いていることになる。たとえば美濃戸籍の「止」がそうであるが、「止」は漢音と呉音ではシと音よみするのでト乙類の音節にあてることができない。古事記の選録者たちはそれをわきまえて、母音が日本語のト乙類に最適の「登」を選んで用いている。美濃戸籍の書き手は、それを知っていたであろうが、七世紀以来日本語のト乙類にあてて使われてきた「止」を用いているのである。要するに、Ⅰの特徴をもつ字画の少ない「止」を、トとよむ約束にしているのである。

また、Ⅲの特徴となる訓仮名は、字体が漢字として本来もつ意味用法だけでなく、訓よみの日本語としての意味も棚に上げて、あらわそうとする日本語の発音にあてられる。たとえば古事記の選録者たちは、母音が日本語のメ甲類に最適の「賣」を用いている。「賣」が選択された理由は、一つには万葉仮名としてよく使われる字体だからであるが、もう一つには本文の記事に訓よみの漢字として使われる可能性が小さいからである。先に第七章で詳しく述べたとおり、古事記の選録者たちは漢字の本来の意味用法をよくわきまえて使っている。美濃戸籍の訓仮名「女」はそのようなことに頓着せずに使われている。要するに、Ⅰの特徴をもつ字画の少ない「女」をメとよむ約束にしているのである。

このように、文献の性格によって、漢字としての本来の機能を意識しながら万葉仮名として用いる傾向が強いか、それとも、それをあえて無視し、字の形と日本語の発音とを直接に対応させる傾向が強いかの相違がある。後者をおしすすめたところに平仮名・片仮名がある。特徴ⅠⅡⅢは、その後者の傾きにほかならない。それぞれの文献・資料がどちらの傾向に属するかが、使用している万葉仮名の字体の相違にあらわれるであろう。

特徴Ⅳは、日本語の発音の清濁に関する取り扱いが厳密か否かの問題である。先にも述べたように、古代日本語に濁音ではじまる単語がなかったので、清濁を区別して表記することは語と語との区別にはあまり効果がない。現代、仮名に濁点を付けて濁音をあらわすのは、日本語に濁音ではじまる単語が増えて、語と語の区別に必要になったからである。すでに古事記の歌謡五番の説明6で万葉集の八八五番歌の枕詞・被枕詞の表記を引いて述べたように、濁音を表示すると、その位置が言語単位の内部であることを示す効果があった。こうしたことを認識しているか否か、そして、発音の清濁を精密に再現しようとする姿勢で表記しているか否かである。語が同認できれば良いという姿勢で表記するときは、わざわざ濁音専用の字体の使用を使わない。濁音表示の放棄は、仮名が濁音用の字体をもたないことに連続する。

平仮名・片仮名は濁音専用の字体をもたない

一つの文字体系としてみたときに、万葉仮名と片仮名・平仮名との最も大きな不連続面は、濁音専用の字体の有無である。しかし、実は、万葉仮名で書かれた文献・資料においても、常に発音の清濁が字体の相違で書きわけられているとは限らない。ある程度以上の長さの日本語の文を万葉仮名で書いた文献で、濁音専用の字体を全く用いないものも少数であるが、完全無欠に書きわけているものも存在しない。書きわけの程度が文献によって相違する。というよりむしろ、以下に述べるように、濁音専用の字体を用いないのが一般的で、教養層の文献では用いる度合いが大きかったのが実態である。

濁音専用の万葉仮名を使って発音の清濁を区別して書く厳密度の相違は、万葉仮名に使う字体の漢字音本来の機能から離れる度合いと相関する。古事記と日本書紀はほぼ完全に近い程度に清濁を区別し、万葉集も防人歌などを別にすればかなりよく濁音を表示しているが、美濃戸籍は濁音専用の万葉仮名をあまり使わない。そして私的な文献の類に全く清濁の書きわけのないものも存在する。木簡の類にも濁音専用の字体はまれにしか使われていない。後にあげる正倉院万葉仮名文書と呼ばれる二通の手紙は、宝字六（七六二）年頃のものと推定されているが、二通ともに濁音節が期待される位置に濁音専用の字体を全く用いていないし、一通（乙文書）にはゾ乙類用の万葉仮名「序」が語頭と推定される位置に用いられている。また、木簡は断片的な資料なので使われた万葉仮名の全体像を体系的に知るのが困難であるが、たとえば藤原宮出土木簡の「多々那都久（たたなづく）」、天平十八（七四六）年頃の平城宮木簡の「津玖余々美宇我礼（月夜好み浮かれ）」など、同じ状態にあると考えて良い。法隆寺五重塔の天井板に書かれていた和銅四（七一一）年頃の落書「奈尓波都尓佐久夜己（難波津に咲くやこ）」も同じである。

古事記や日本書紀と正倉院万葉仮名文書とは五十年のへだたりがあり、時代が下がるにつれて濁音を表示しなくなったという筋道も考えてみなくてはならない。しかし、木簡に使われた万葉仮名の濁音に関する状態は七世紀以来同じであるし、次の節で表に示して述べるとおり、同じ時期の文献のあいだにも程度の相違がある。それなら、濁音専用の字体を持つという特徴は、万葉仮名の全体のものであったとは言えない。言いかえると、八世紀以前の諸文献に書かれている万葉仮名のなかに、当初から片仮名・平仮名へ連続するものが内含されていたのである。

九の3　八世紀の万葉仮名資料の実態調査

これまで概観から得た推測を述べた。以下、その証明の手続きを行う。仮に、古事記と正倉院万葉仮名文書を清濁書きわけの両極端とみなして、それぞれの万葉仮名の字体のなかから、キ甲類、コ乙類、ト乙類、マ、メ甲類の音節にあてて使われたものの種類と頻度を調査すると次のようになる。すべての音節の万葉仮名について調査するのが理想であるが、それらの音節の万葉仮名の字体に漢字本来の機能との距離や清濁表記の問題がよくあらわれているのでサンプルとした。万葉仮名文書の数値は二通の合計である。二通ともにメ甲類の用例がないが、あらわれるとすれば「女」であろうと予想する。

	キ1	コ2	ト2	マ	メ1
【古事記】	岐194伎14棄1	許133	登224等6	麻46摩15	賣63・1
【文書】	支3伎1	己7	止10	末10万3	○

すでに述べたように、古事記に使われた万葉仮名の字体が、比較的に画数が多く、漢字音と日本語の発音との距離が近く、「棄」が「曽迩奴棄宇弖（背に脱き棄て）」のところに用いられてい

るように、漢字としての意味用法にまで考慮が払われているのに対して、正倉院万葉仮名文書のそれは、いずれも漢字の本来の機能から離れている。

そこで、次の予見をたてる。この予見が上代の万葉仮名文献一般を調査してあたっていれば、ここまでに推測によって述べてきたところは妥当であるということになる。

A群「岐」「許」「登」「摩」「咩」など漢字に密着した字体群を常用する文献は濁音を厳密に表示する。

B群「支」「己」「止」「万」「女」など漢字から離れた字体群を常用する文献は清濁の書きわけを意識しない。

表二、三、四は、八世紀の各文献に使われた万葉仮名の字体と濁音表示の実態を調査したものである。それぞれ、右の列が文献名と成立年、中央の列が使われている万葉仮名の字体の種類と使用数、左の列が清濁の書きわけをあらわす。清濁については後に説明するが、○△▽×によって濁音表示の厳密さの程度を示している。以下の考察の基盤になるデータであるが、表から有意な傾向をよみとるのが煩しいと思う読者は、九の4に述べる分析結果を先に読まれるようにおすすめする。

表二　正倉院文書記載人名の表記

（使用テキスト：『寧楽遺文』東京堂出版一九六五、『大日本古文書』（復刻）東京大学出版会一九八二、『正倉院文書影印集成』八木書店一九九〇）

①　大宝二年度美濃国戸籍（七〇二）

伎46支13吉3・己19・止56等1・麻103万11・賣3女2

ガ	ギ1	ギ2	グ	ゲ1	ゲ2	ゴ1	ゴ2	ザ	ジ	ズ	ゼ	ゾ1	ゾ2	ダ	ヂ	ヅ	デ	ド1	ド2	バ	ビ1	ビ2	ブ	ベ1	ベ2	ボ
△	×		×	○		×	×	×	△					×	×	×		×	○		×		△			

②　大宝二年度筑前国戸籍（七〇二）

岐2伎1支1・許14己3・止15・麻17万1・咩8

ガ	ギ1	ギ2	グ	ゲ1	ゲ2	ゴ1	ゴ2	ザ	ジ	ズ	ゼ	ゾ1	ゾ2	ダ	ヂ	ヅ	デ	ド1	ド2	バ	ビ1	ビ2	ブ	ベ1	ベ2	ボ
○						○	○		○					○	○	○	△		×	○	×	○	△			

③　大宝二年度豊前国戸籍（七〇二）

岐5・許7・等7・麻10万1・

ガ	ギ1	ギ2	グ	ゲ1	ゲ2	ゴ1	ゴ2	ザ	ジ	ズ	ゼ	ゾ1	ゾ2	ダ	ヂ	ヅ	デ	ド1	ド2	バ	ビ1	ビ2	ブ	ベ1	ベ2	ボ
○	×					×		○	○					○	○	▽	△				○		○		○	

④　養老五年度下総国戸籍（七二一）

伎17枳4支2・己3許1・等6止3・麻26・賣1

ガ	ギ1	ギ2	グ	ゲ1	ゲ2	ゴ1	ゴ2	ザ	ジ	ズ	ゼ	ゾ1	ゾ2	ダ	ヂ	ヅ	デ	ド1	ド2	バ	ビ1	ビ2	ブ	ベ1	ベ2	ボ
○	×					×			○					○	○		×			×	×		×			

⑤　神亀三年山背国愛宕郡計帳（七二六）

岐10伎2・莒1・　・麻7万2・

ガ	ギ1	ギ2	グ	ゲ1	ゲ2	ゴ1	ゴ2	ザ	ジ	ズ	ゼ	ゾ1	ゾ2	ダ	ヂ	ヅ	デ	ド1	ド2	バ	ビ1	ビ2	ブ	ベ1	ベ2	ボ
○					○				○					○	○	△	△						○			

⑥　天平五年右京計帳（七三三）

伎3・己1・　・麻4・賣1女1

ガ	ギ1	ギ2	グ	ゲ1	ゲ2	ゴ1	ゴ2	ザ	ジ	ズ	ゼ	ゾ1	ゾ2	ダ	ヂ	ヅ	デ	ド1	ド2	バ	ビ1	ビ2	ブ	ベ1	ベ2	ボ
									○					×	○	×				×	○					

⑦　出雲国大税賑給歴名帳（七四〇）

支5伎5枳5・去1・止9登4等2・麻6・女11賣9

ガ	ギ1	ギ2	グ	ゲ1	ゲ2	ゴ1	ゴ2	ザ	ジ	ズ	ゼ	ゾ1	ゾ2	ダ	ヂ	ヅ	デ	ド1	ド2	バ	ビ1	ビ2	ブ	ベ1	ベ2	ボ
○			△			△			○					○	○	△	△		○	×	×	○	○			

⑧　天平勝宝二年官奴司解（七五〇）

伎2・己1・等3登1・麻2・女1

ガ	ギ1	ギ2	グ	ゲ1	ゲ2	ゴ1	ゴ2	ザ	ジ	ズ	ゼ	ゾ1	ゾ2	ダ	ヂ	ヅ	デ	ド1	ド2	バ	ビ1	ビ2	ブ	ベ1	ベ2	ボ
○	×		○						○						○	○		○	×		×					

⑨　宝亀三年東大寺奴婢籍帳（七七二）

支1・　・等2止1・麻2・咩2

ガ	ギ1	ギ2	グ	ゲ1	ゲ2	ゴ1	ゴ2	ザ	ジ	ズ	ゼ	ゾ1	ゾ2	ダ	ヂ	ヅ	デ	ド1	ド2	バ	ビ1	ビ2	ブ	ベ1	ベ2	ボ
○			○			×			○	×					○			×			×		○			

＊この表では、頻度のバランスのため、男子名「ーまろ」のマと女子名「ーめ」のメにあてられたものは数えていない。

表三　韻文の表記

（使用テクスト：『萬葉集本文篇』塙書房一九六三、日本古典文学大系『古代歌謡集』岩波書店一九五七）

⑩　万葉集巻五山上憶良のうた（七二八〜七三二）

伎47吉10枳6企4・許33・等46登2・麻70摩12・咩6賣3

ガ	ギ1	ギ2	グ	ゲ1	ゲ2	ゴ1	ゴ2	ザ	ジ	ズ	ゼ	ゾ1	ゾ2	ダ	ヂ	ヅ	デ	ド1	ド2	バ	ビ1	ビ2	ブ	ベ1	ベ2
○	×		○	○	○		○	○	○	○	○		○	○	○	▽	×	○	△	○	△	○	○	×	×

⑪　万葉集巻十七越中時代の大伴家持のうた（七四七）

伎32吉15枳3岐1・許27己11・等25登22得1・麻29末1・賣4

ガ	ギ1	ギ2	グ	ゲ1	ゲ2	ゴ1	ゴ2	ザ	ジ	ズ	ゼ	ゾ1	ゾ2	ダ	ヂ	ヅ	デ	ド1	ド2	バ	ビ1	ビ2	ブ	ベ1	ベ2
○	△	○	○		×		○	○	○	○	○	×		○	○	○	○	○	△	○	○	○	○	○	

⑫　万葉集巻一七、一八、一九大伴坂上郎女のうた（七四六〜七五〇）

伎7吉4・許3・等8登2得1・麻10末2・

ガ	ギ1	ギ2	グ	ゲ1	ゲ2	ゴ1	ゴ2	ザ	ジ	ズ	ゼ	ゾ1	ゾ2	ダ	ヂ	ヅ	デ	ド1	ド2	バ	ビ1	ビ2	ブ	ベ1	ベ2	ボ
○	○		○		△		○	○		○				○	○	○			○	○	○		○	×	×	

⑬　薬師寺仏足石歌（七五二）

伎13岐3・己10・止46等2・麻33・賣2

ガ	ギ1	ギ2	グ	ゲ1	ゲ2	ゴ1	ゴ2	ザ	ジ	ズ	ゼ	ゾ1	ゾ2	ダ	ヂ	ヅ	デ	ド1	ド2	バ	ビ1	ビ2	ブ	ベ1	ベ2	ボ
△			△		△		○			△			△	△	○	○	×		×	▽	○		○		△	

⑭　万葉集巻二十武蔵国防人歌（七五五）

伎7・己4許3・等7登1・麻17末1・

ガギ1ギ2グゲ1ゲ2ゴ1ゴ2ザジズゼゾ1ゾ2ダヂヅデド1ド2バビ1ビ2ブベ1ベ2ボ

▽　○　○　△○○　○　○△　○

⑮　万葉集巻二十下総国防人歌（七五五）

枳15伎7・己5去2許1・等15・麻10・

ガギ1ギ2グゲ1ゲ2ゴ1ゴ2ザジズゼゾ1ゾ2ダヂヅデド1ド2バビ1ビ2ブベ1ベ2ボ

△×○　×　××　×　×○

⑯　歌経標式所収歌（七七二）

岐30・己19・等29止4登1苫1吐1都1・麻36摩3・賣3咩1

ガギ1ギ2グゲ1ゲ2ゴ1ゴ2ザジズゼゾ1ゾ2ダヂヅデド1ド2バビ1ビ2ブベ1ベ2ボ

△×○△　×　○　△△▽　▽○△×　×　▽△　×　×

＊『歌経標式《かきょうひょうしき》』は、藤原浜成《ふじはらのはまなり》の著述で日本最古の歌学書である。宝亀三（七七二）年成立。『浜成式』とも呼ばれる。

表四　その他

（使用テクスト：大野晋『上代仮名遣の研究』岩波書店一九五三、日本古典文学大系『風土記』岩波書店一九五八、岡田希雄「新訳華厳経音義私記倭訓攷」『國語國文』第十一巻三号一九四一、三【再刊】一九六二、八）

⑰　日本書紀巻一、二の訓注（七二〇）

枳14岐6企2・許3居2・等8騰2・磨12麻9摩6・咩3賣1謎1

ガ	ギ1	ギ2	グ	ゲ1	ゲ2	ゴ1	ゴ2	ザ	ジ	ズ	ゼ	ゾ1	ゾ2	ダ	ヂ	ヅ	デ	ド1	ド2	バ	ビ1	ビ2	ブ	ベ1	ベ2	ボ
○	○	○	○		○			△	○	○					○	△	○	△		○		○	△			

⑱　播磨国風土記（七一五以後）

伎21岐7耆4支4吉3藝2・許9巨4挙2・等5投1・麻21磨13・賣38

ガ	ギ1	ギ2	グ	ゲ1	ゲ2	ゴ1	ゴ2	ザ	ジ	ズ	ゼ	ゾ1	ゾ2	ダ	ヂ	ヅ	デ	ド1	ド2	バ	ビ1	ビ2	ブ	ベ1	ベ2	ボ
○	▽		○					○	○	○				▽	○	△	▽			○	▽		○		×	△

⑲　常陸国風土記（七二〇以後）

支4岐3藝1・許7己1・止12等3騰1・麻22万3・賣10咩1

ガ	ギ1	ギ2	グ	ゲ1	ゲ2	ゴ1	ゴ2	ザ	ジ	ズ	ゼ	ゾ1	ゾ2	ダ	ヂ	ヅ	デ	ド1	ド2	バ	ビ1	ビ2	ブ	ベ1	ベ2	ボ
△	×	▽	×		○				▽	×	○		▽	▽		▽		×	×	×	▽	○	○			

⑳　出雲国風土記（七三三）

支35伎26枳25吉15岐10耆7企1期1・許9去2己1・等9登1・麻25末1・賣16

ガ	ギ1	ギ2	グ	ゲ1	ゲ2	ゴ1	ゴ2	ザ	ジ	ズ	ゼ	ゾ1	ゾ2	ダ	ヂ	ヅ	デ	ド1	ド2	バ	ビ1	ビ2	ブ	ベ1	ベ2	ボ
○	×	×	△		▽	△		×	×	○				▽	○	×			△	△	▽	○	▽	△	○	

㉑　新訳華厳経音義私記の倭訓（奈良時代末）

岐14伎4技3・己5・止3等2・末9麻4・

ガ	ギ1	ギ2	グ	ゲ1	ゲ2	ゴ1	ゴ2	ザ	ジ	ズ	ゼ	ゾ1	ゾ2	ダ	ヂ	ヅ	デ	ド1	ド2	バ	ビ1	ビ2	ブ	ベ1	ベ2	ボ
△	×		△		○	○			○	○			△	▽	○	△		△			○	×	○			×

*『新訳《しんやく》華厳《けごん》経《きょう》音義《おんぎ》私記《しき》』は、華厳経のよみかたを解説した一種の辞書。万葉仮名で漢字の音よみ訓よみを示した箇所がある。

右の表に示した清濁の書きわけの判定は、次の手続きを経た結果である。音節に清と濁があり、万葉仮名に主として清音にあてられる字体と濁音専用の字体とがあるから、その組み合わせは次のようになる。「清↑清」などとあるのは、「　↑　」の上が音節の清濁、下が万葉仮名の字体をあらわし、「清↑清」は清音節の発音が期待される位置に清音用の字体があてられていることを意味する。

○‥音節の清濁をそれぞれ別の字体の万葉仮名を用いて区別して表示している場合。

例（古事記）　「清↑清」　カ↑「加・迦・訶」

「濁↑濁」　ガ↑「賀・何」

△‥清音節には清音の字体をあてているが、濁音節には清音の字体と濁音専用の字体との両方をあてている場合。

例（愛宕郡計帳）　「清↑清」　ツ↑「都」

「濁↑清・濁」　ヅ↑「都・豆」

▽‥濁音節に濁音専用の字体をあてているが、清音節が期待される位置にも濁音専用の字体をあてている場合。

例（仏足石歌）　「清↑清・濁」　ハ↑「波・婆」

「濁↑濁」　バ↑「婆」

×‥音節の清濁を万葉仮名の字体で区別しない場合。

例（筑前戸籍）　「清↑清」　ト2↑「止」

「清↑清」　ド2↑「止」

例（万葉仮名文書）　「清↑濁」　ソ2↑「序」

「濁↑濁」　ゾ2↑「序」

例（歌経標式）　「清↑清・濁」　セ↑「勢・是」
「濁↑清・濁」　ゼ↑「勢・是」

空欄：清濁のいずれかまたは両方の実例があらわれない場合。

清濁認定手続きの難しさ

ところで、右の手続きのためには、論理的に次のことが前提となる。まず、古代日本語の音韻の清濁が一定していること。そして、万葉仮名の字体の表音価値が、清音用か濁音専用かに確定していること。ところが、そのいずれにも問題がある。たとえば古事記上巻に同一人物の名が「木花之佐久夜毘賣」とも「木花之佐久夜比賣」とも書かれている。常に…サクヤビメと発音されていて「比」をあてた例は濁音表示のゆるみなのか、それとも、「比」をあてた場合は…ヒメと発音するのか。

万葉仮名の字体についていては、濁音専用のものは使われる数も少ないし、概して画数が多いので比較的容易に認定できる。清音用の字体は、むしろ、清濁を越えて用いられるとみなすのが実態に合っている。それでもなお、もとになる漢字音の変化によって面倒な問題が生じる場合もある。たとえば「太」「婆」は呉音なら濁音ダ、バにあてることができるが、漢音ならむしろ清音タ、ハにあてた方が良い。となると、一つの文献のなかで「多」と「太」、「波」と「婆」とが区別して使われているか否かを見極めて判断するほかない。ここでは、万葉仮名が濁音専用であるか否かは、次の三条件を総合して決定している。

1 その字が中国の漢字として本来もつ音の子音はどのようなものか。

2 その文献・資料が、古韓音・呉音・漢音のどの系統の漢字音によっているか。

3 その字体の一般的な用例は、清濁いずれとしてのものであるか。

発音の清濁は、日本語の音韻に関する研究課題のなかで最も難しい問題の一つである。本書ではさておくほかないが、先に第七章の7で「あね」の語源に関して述べたように、古代語の濁音は語頭にたたないので、要するに連体助詞「の」がn-に縮まったものだと筆者は考えている。ここでは、さしあたり、発音の清濁を次のように決めている。

表二の正倉院文書の人名は、次の方法を数字の優先順で適用した。

1 同一文献内の微証によって清濁を決める。

例 下総戸籍「夫与」:「夫」の位置は語頭だから清音。

美濃戸籍「都ム志賣」:「志」の位置は同戸籍の「都《つ》ム《む》自《じ》賣」により濁音。

2 できるだけ類似した性格の文献の同一語形の表記によって決める。

例　美濃戸籍「己々志賣」：「々」の位置は筑前戸籍「許其志《こごし》」により濁音。

3（1 2が適用できないとき）八世紀以前の文献一般における表記によって決める。

例　美濃戸籍「牟古閉賣」：「古」の位置は日本書紀持統天皇紀にある「羽田朝臣齋」の訓注「牟吾閉《むごへ》」により濁音。

実際には、発音そのものが清濁にゆれている場合もあり、厳密にはそれらを個々に判断しなくてはならない。ある文献では濁音の語が別の文献では清音ということもあり得る。しかし、右の3の方法が効力を失ってしまうので、濁音表示のゆるみのなかに含めて処理した。

表三、四のものは、原則として表の見出しの後に示した使用テクストのよみを採用した。

九の4　八世紀の万葉仮名の全体像

さて、先の表二、三、四を一見すれば、使われている万葉仮名の字体のA群B群の割合と濁音表示の厳密さの程度とが正の相関関係にあるという印象をうけるが、わかりやすくするために、そして、文献の性格との関係などを観察するために、これを数量化し、図式化する。

使用字体の違いを数量化する

まず、各文献に使われた万葉仮名の字体を左のように分類する。文献⑯〜⑳の用例から写本上の字に疑問があるものをいくつか除いているが、その説明は煩瑣になるので省く。C群とは、A群とB群の中間の性格とみなしたものである。たとえば「等」が「登」「止」の中間の性格ということである。

A群：岐枳吉耆企技・許莒去居挙巨・登得騰苫・摩磨・咩謎
B群：支・己・止・万・女
C群：伎・（ナシ）・等・麻・賣

次に、各文献においてA群、B群、C群がどのような割合で用いられているか計算する。実は、万葉仮名連鎖の基調となる字体に別の群に分類される字体を混用することは、先に第八章の2の1で述べたように、句読法の問題として有意なのであるが、ここでは立ち入らない。表二②の筑前戸籍を例にとると用例数は左のとおりである。

A群：岐2・許14・（ナシ）・（ナシ）・咩8
B群：支1・己3・止15・万1・（ナシ）
C群：伎1・　・（ナシ）・麻17・（ナシ）

キ甲類の音節にあてられた万葉仮名の使用字体四例中、A群の字体二、B群の字体一、C群の字体一となり、比率は0.5：0.25：0.25である。他の四つの音節の字体についても同じ計算を行い、合計する。

A　2／4＋14／17　　　　　　＋8／8＝2.32
B　1／4＋3／17＋15／15＋1／18　　＝1.43
C　1／4＋　　　　　17／18　　＝1.19

筑前戸籍の表二にあらわれた使用字体全体の百分比はA群：B群：C群＝47：28：25となる。C群はA群とB群の中間の性格とみなしたわけだから、A群の数値からB群の数値を引き算して、プラス十九という数値を得る。この数値は、筑前戸籍の万葉仮名の字体が、全体としてみると、十九だけA群専用に近いことを示す。もしもA群の字体だけを用いて書かれた文献があれば、その文献における使用字体全体の百分比はA：B：Cの比率が100：0：0となり、プラス一〇〇という数値で示される。もしもB群専用の文献があればマイナス一〇〇で、C群専用の文献はゼロで、示されることになる。

濁音表示の厳密度についても同じ計算を行う。その場合、△▽を○と×の中間とみなすわけである。筑前戸籍を例にとれば、○：△：×＝70：15：15であるから、プラス五十五の数値が得られ、これはこの戸籍の万葉仮名の濁音表示が完全な状態に五十五だけ近いことを意味する。

こうして、表二、三、四の各文献の使用字体と濁音表示の程度は、左の表五のように数値化される。古事記と正倉院万葉仮名文書についても同じ計算をした結果をそえる。

表五

	字体	濁音
①	−53	−54
②	＋19	＋55
③	＋38	＋50
④	−15	−20
⑤	＋54	＋75
⑥	8	0
⑦	− 6	＋38
⑧	−35	＋34
⑨	− 8	＋12
⑩	＋44	＋52
⑪	＋25	＋72
⑫	＋30	＋68
⑬	−34	＋20
⑭	0	＋70
⑮	＋ 2	−44
⑯	＋ 6	−16
⑰	＋73	＋74
⑱	＋31	＋34
⑲	− 6	−12
⑳	＋22	0
㉑	−38	＋25
記	＋64	＋65
文	−94	−100

これを相関図になおす。たて軸には原点からA群専用とB群専用とにむかってそれぞれ一〇〇までとり、よこ軸には濁音の完全な表示と清濁書きわけなしとにむかってそれぞれ一〇〇までとる。この図の上では、筑前戸籍は、原点から上へ十九、右へ五十五の点に位置することになる。これを②であらわす。同様にして表二、三、四のすべてをあらわし、古事記は☆で、正倉院万葉

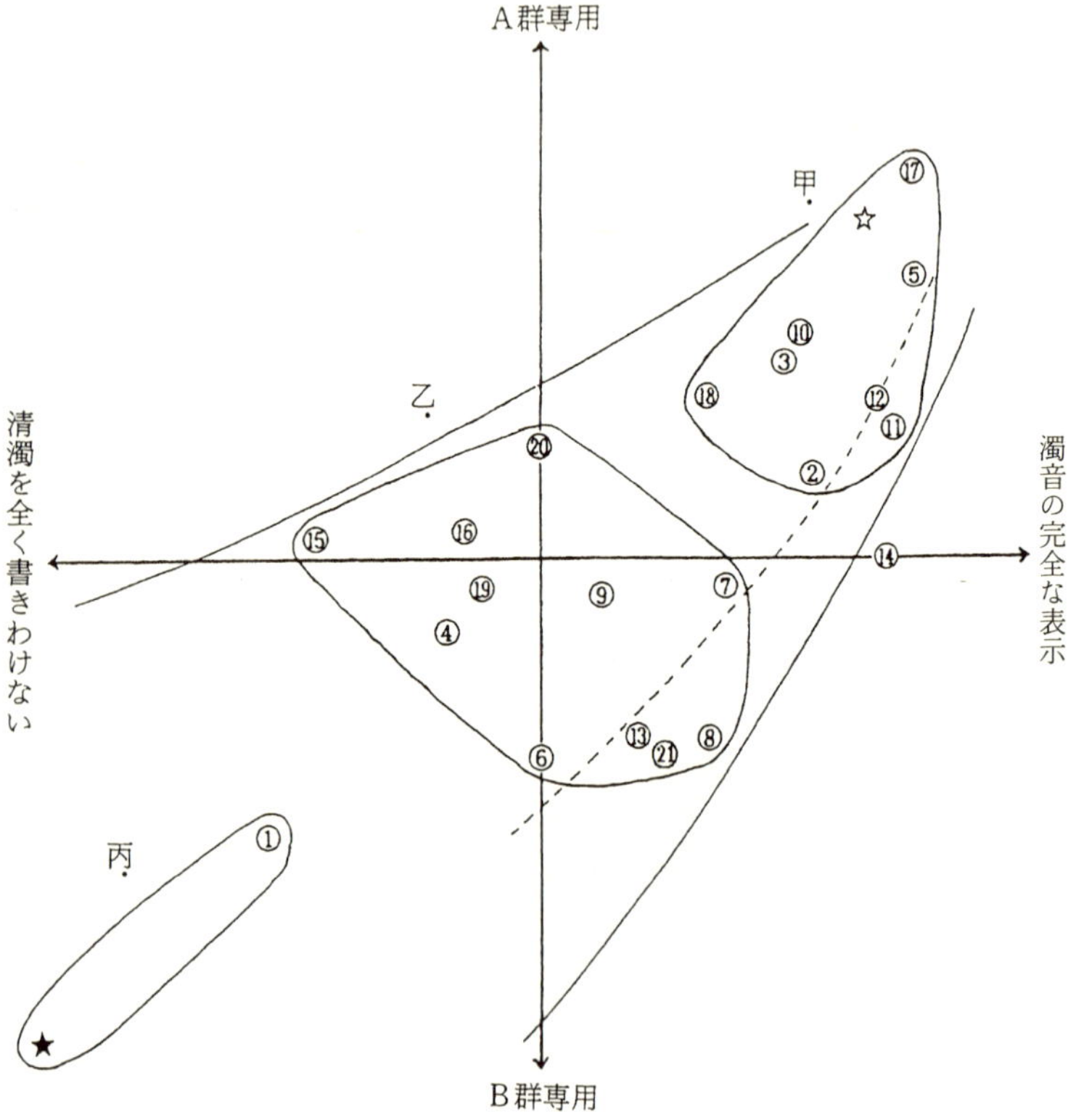

700	710	720	730	740	750	760	770
①	☆	④	⑥	⑦	⑧	★	⑨
②	⑱	⑤	⑩	⑪	⑬		⑯
③		⑰	⑳	⑫	⑭		㉑
		⑲			⑮		

相関図—八世紀の万葉仮名の全体像

仮名文書は★であらわす。なお、下に、それぞれの文献の成立年代を十年区切りにして示す。

漢字離れと清濁表示の相関

この相関図から、次の四つのことがくみ取れる。まず第一に、⑭をやや例外的とすれば、すべての文献が図上に引いた二本の実線の間に分布することである。その勾配はほぼ四十五度をなしており、使われた万葉仮名の字体の種類と濁音表示の程度とが正の相関関係にあると確認できる。二本の実線が右上にむかってすぼまっているのは、書き手の意識または態度が厳密になっていることを意味すると解釈できる。

第二には、成立年代の新しい文献ほど右下へ寄ってあらわれる傾向がある。たとえば⑩（山上憶良）に比べて⑪（大伴家持）⑫（大伴郎女）は右下へ寄っている。山上憶良《やまのうへのおくら》は大伴家持《おほとものやかもち》の父旅人《たびと》と同世代の人である。天平年間（～七四九）までに成立した文献に限って分布をみると、図上に引いた点線から左上におさまり、原点を通る勾配四十五度の線の付近に集まることになる。右下とは、A群よりもB群を多く使っていて清濁をよく書きわける状態であるが、これは、時代が下るにつれて、万葉仮名と日本語の発音との直接的な結び付きが固まり、漢字本来の機能からの離れがすすんだことを意味すると解釈できる。

その実例を示せば、八世紀に「憶」をア行オにあてる万葉仮名として使った例が二例だけある。一つは日本書紀の神代巻歌謡四番の「憶企《おき》（沖）」であり、もう一つは大伴池主《おほとものいけぬし》が家持に贈った万葉集巻一七・三九七三番歌の「憶保枳美《おほきみ》（大王）」である。日本書紀では、先に第五章のはじめの部分で述べた伝統に従って、「憶」の末尾の子音-kを次の「企」の頭k-に重ねて処理している。あくまで「憶」を漢字と意識しているわけである。二十五年後の池主は、その約束に従っていない。池主が使った万葉仮名「憶」は、本来もつ末尾の子音-kを放棄して使われている。つまり漢字音という媒介を放棄して、日本語のア行オと直接に結び付けられているわけである。

同様にして、日本語の発音を厳密に書きあらわそうとこころがけて書く場合にも、万葉仮名としての機能が同じであれば、使いなれた字画の少ない字体を使うようになったのであろう。点線の右下に位置する⑧は公文書であるが、⑬は銘文、⑭は和歌、㉑は歌学の理論書である。これらの文献は「はれ」の性格であるが、清濁をよく区別して書きわける一方、使いなれたC群を多く用いているのである。その背景には、濁音の表示を意識しない場合には、さらに簡易な字体、つまりB群が用いられていたと考えてよかろう。そのようにして、片仮名・平仮名への連続面が形成されていたのである。

第三に、二十三個の点の分布をみると、おのずと、いくつかのグループをなしている。こころみに甲乙丙にまとめて図に示したが、その内容は左のようになる。

甲　古事記　日本書紀神代巻訓注　万葉集
　筑前戸籍　豊前戸籍　愛宕郡計帳

播磨風土記
乙　仏足石歌　下総防人歌　歌経標式
下総戸籍　右京計帳　出雲歴名帳　官奴司解　東大寺奴婢籍帳
常陸風土記　出雲風土記
華厳経音義私記
丙　美濃戸籍
正倉院万葉仮名文書

これらのうち、風土記類と『歌経標式』は現存する写本があまり信頼できないので証拠能力が低いし、『華厳経音義私記』は比較すべき同類の文献が他にないので除外し、甲乙丙の内容を単純化すると、左のようになる。奴婢籍帳は寺院の文書であるが、第七章で述べたように計帳の様式で書かれているので公文書の類に入れる。木簡の類は、当然、乙ないし丙、多くは丙に属するであろう。役所で作成される公文書であるが、日常実用の業務に供されて使い捨てられたものだからである。もし木簡の万葉仮名の状態をこの図のなかに位置付けるとすれば、左下の象限が無数の点で埋まるはずである。

甲　記紀・万葉　公文書の一部

乙　和歌の一部　公文書の一部
丙　私的な文書　公文書の一部

結局、教養層の記紀万葉と、実用日常の私的な文書や木簡とが、原点をはさんで対立していることになる。これで、先に推測にもとづいて述べたところは、すべて検算されたことになる。

公文書類の表記が属する層

この整理の結果、公文書の類はすべてのグループにあらわれているが、多くは乙に属している。これは、文献としての性格からみて、自然な傾きであろう。公的な文書であり、かつ、人名や地名の発音を書きあらわすときにそれほど厳密を期さなくてよい。その固有名詞が同認できれば用が足りるのである。ただし、戸籍については述べておくべきことがある。九州の戸籍②③は甲に、下総戸籍④は乙に、美濃戸籍①は丙に属している。多くの公文書は必要に応じて作成され不要になれば廃棄された。たとえば、計帳は納税台帳として一年間保存ののち廃棄された。しかし、戸籍は特別で、総台帳として国で清書して都へ送られ六年間保存することになっていたから「はれ」の性格がある。九州の戸籍は、文化的に先進地域のものであるから、書き手の意識も高く、いかにもそれらしくつくられていることになる。

下総戸籍④は平均的な乙に属している。律令の規定では、戸籍と計帳は、各戸から手実《しゅじつ》（申告書）を提出させ、里、郡、国衙の各段階でまとめ、清書したものを都に送って、手実は国の役所である国衙《こくが》に保存されることになっている。住民による申告は単なる法律上のたてまえではなかった。実際に、右京計帳⑥は、戸毎に筆跡の異なるものをつづり合わせているから、住民が書いて出した手実そのものである。しかし、現実には各戸に必ず識字者が居たとは限らないし、手実から国衙に至るいずれかの段階で編纂に伴う書き改めが行われたはずである。戸籍と計帳の編纂に主たる役割をはたしていたのは郡衙《ぐんが》の役人であろうと指摘されている（竹内理三ほか「〈輪講〉戸令・戸籍・計帳」『日本歴史』第一五一〜三号一六九一、一〜三、宮本救「戸籍・計帳」『古代の日本9　研究資料』角川書店一九七一など参照）。下総戸籍は、郡《こほり》ごとに用紙の界線が違っているという。郡衙の平均的な漢字使用の様相が字面に反映しているのであろう。

問題は、美濃戸籍①が丙に属することである。美濃戸籍の筆跡は「はれ」のものらしく上手な楷書である。しかし使っている万葉仮名は木簡などと同じ様相を呈する。その事情は、この戸籍が木簡を冊にした台帳をもとにしてつくられたという仮設によって整合的に説明できる。美濃戸籍は大宝律令より前の飛鳥浄御原令《あすかきよみがはらりょう》の書式によっていると言われるが、その様式がどのようなものであったかはわからない。ここでは筆者の推測を述べる。郡衙の役人たちは、まず各戸の住民たちの情報を木簡に書きとり、木簡をデータベースとして戸籍を編集したのであろう。人名と住民としての情報を書いた木簡（名籍《みょうせき》）が、実際に全国各地から出土している。それらをもとに郡衙あるいは国衙で編集したとき、大宝二年の美濃の国では、木簡の万葉仮名をあまり書き改めなかったのであろう。美濃戸籍の末尾に「許勢臣真弓《こせのおみまゆみ》」の署名があるが、「許」も「勢」も住民の名には使われていない。住民名に使われている万葉仮名は「己」「西」または「世」である。「己」を「許」に書き改めようとすればできたはずだが、しなかったのである。事情をさらに知りたい読者は筆者の論文「文字言語文化としての戸籍」(『美濃の国戸籍の総合研究』東京堂出版二〇〇三)をおよみいただきたい。

九の5　万葉仮名から仮名へ――「価値ある忘却」

この章の結びとして、相関図から得られる第四の結論を述べる。古事記より十年早く成立した美濃戸籍において、すでに「つ」「ム」などの略体字が用いられ、濁音表示がほとんど行われていないという事実は、万葉仮名の発達が一系ではないこと、八世紀の初頭にはすでに大きく分化していたことをものがたっている。片仮名・平仮名の源流がどの系統の万葉仮名にあるかは、おのずと明らかであろう。相関図の左下の象限に位置する文献は、まとまったものとしては美濃戸籍と正倉院万葉仮名文書だけであるが、発掘されて八世紀以前のものだけで数万点に達した木簡は、この象限に位置付けられる。木簡は、書いては使い棄てられた。それゆえ簡略を旨とする表記が採用されたのであり、そこに用いられた万葉仮名が仮名の源になったのである。

先に述べたように、八世紀にも、主として清音にあてられる万葉仮名の字体を濁音にもあてるのが通常であった。片仮名・平仮名の体系が濁音用の字体をもたないのは自然な成り行きであったと言える。漢字としての本来の機能の放棄は、次第次第にすすんだのであろう。万葉仮名から仮名への遷移は特定の人の業績ではなく自然発生的な現象であった。いつのまにか、皆が字体と日本語の発音との媒介になっていた漢字音を忘れてしまったのである。言語史でこのような現象を「価値ある忘却」と呼ぶ。漢字を万葉仮名として「飼い慣らした」すえに漢字音と意味用法の「価値ある忘却」がなされて「品種改良」に至ったのである。

七世紀には漢字の普及がすすんでいた

鎌田元一氏の試算によると、八世紀前半には国家掌握人口が四四〇～四五〇万人、総人口は五〇〇万人を多く出るものではなかったという（「日本古代の人口について」『木簡研究』第六号一九八四）。青木和夫氏の試算によると、奈良時代の役人の数は、律令の制度から推計して、都だけで五、六千人ということになる（『制度』五味智英編『万葉集必携』学燈社一九六七）。役人になるには漢字が使えなければならない。そのために『文選《もんぜん》』『千字文《せんじもん》』などの字句を手習いした木簡がいくつも出土している。『文選』は、すでに第四章で述べたが、六世紀に編纂された古代中国の名文集、『千字文』は漢字をおぼえるための初等教科書である。民間人で漢字が使える人もいたから、識字層の比率は相当なものであったことになる。近年の歴史学の成果では、律令体制の整備は七世紀から実体化していたことがわかっている。一九九〇年代から、七世紀の木簡が続々と出土して、漢字を使う文書行政がすでに全国で行われていたことが明らかになった。たとえば徳島県観音寺遺跡から出土した七世紀前半の木簡に「大卩（大伴部）」と書かれたものがある。日本列島における漢字の普及はかつて予想されていたより早く広かったのである。

役人たちは、毎日せっせと漢字で行政のための文書や木簡を書いた。そのなかに住民や地域の名を万葉仮名で書く必要がある。木簡は現代の電子メールに酷似した性格の短信である。そのやりとりでは、文章が正しい漢文でなくても用件は伝わるし、日本語の発音を厳密に書きあらわさなくても固有名詞が同認できれば良い。高度な漢字の知識よりも効率が大切である。文面が類型的であるために同じ字体をくりかえし使うから、特定の字体と日本語の音節との対応が安定する。そして、書くべきスペースもせまいから、画数の少ない字を用いる。さらに、字体と音節あるいは語との対応が安定するにつれて、省画したり書きくずしてもわかるようになる。たとえば「万呂」の表記は、しばしば「万」の最終画を少しのばして「呂」の代用とする。「万」が片仮名「マ」になった経緯のひとこまである。「まろ」を「末呂」と表記することもあったが、「末」は平仮名「ま」になった。おそらく、美濃戸籍の「つ」「へ」「ム」なども、そのようにしてつくられ、ふだん使われていた字が、都に送られた清書本の字面にまで残ったものであろう。片仮名・平仮名の源流は、そのような場で、万葉仮名を日本語に密着した誰にでも使えるものにつくりかえようとしたところにあった。

第十章　仮名で日本語の文を書きあらわすには？

万葉仮名で書かれた散文

漢字の訓よみで日本語の散文を書き万葉仮名で韻文を書いた経験を積み重ね、さらに、訓よみと万葉仮名による発音の表記とを交えて効果的に書きあらわす経験を積み重ねて、漢字は日本語を書くための文字として「飼い慣らされた」。万葉仮名も日常・実用の業務の場で仮名への「品種改良」がすすめられた。その一つの結節として、日本語の散文の全文を万葉仮名で書いた手紙が八世紀後半にあらわれる。漢文を骨格にした文体と、簡略な字体の万葉仮名による発音の表記とが合体して、表音的な表記で日本語の散文を書くことを可能にしたのである。そこにあらわれている技術が改良されて、平安時代の和歌集や歌物語や日記文学やつくり物語の文章を平仮名で書きあらわすことができるようになる。そのとき、日本語の文字と書記方法が成立したと言える。

奈良正倉院に正倉院万葉仮名文書《しょうそういんまんようがなもんじょ》と呼ばれる二つの文書が所蔵されている。前章ですでに日常実用の性格をもつ文献・資料の代表としてとりあげたものである。甲文書、乙文書と区別して呼ばれているが、いずれも、書かれている内容から私的な用向きの手紙と推定される。公用の手紙なら漢文体で書かれたはずだからである。甲文書の裏側には、石山寺を造営した役所の公文書が書かれている。天平宝字六（七六二）年の日付がある。乙文書の裏側に書かれた公文書には日付がないが、石山寺の造営に携わった工人たちの給食帳簿なので、この二つの文書は同じ頃のものとみて良い。

この文書は甲文書の「一」「田」と乙文書の「奴」を除いて全文が万葉仮名だけで書かれており、日本語の散文全体を表音的な表記で書いた最初の例とされている。その万葉仮名は行書体で一字ずつが独立して書かれている。略体の「へ」の他、平仮名・片仮名の字源になる字体が多く使われている。「し」になる「之」、「た」になる「太」、「て」「テ」になる「天」、「ふ」になる「不」、「ま」になる「末」である。字の形も行書であるから平仮名に近付いている。しかし、平安時代に行われた連綿《れんめん》（つづけ書き）はない。各行の字数は一定しないが、甲文書の一箇所を除いて、字と字の間隔が目立って変わっているところはない。使われている万葉仮名のうち濁音専用の字体は乙文書の「序」だけであり、しかもその「清濁」価値には前章で述べたとおり疑問がある。一例は単語の頭なのでゾでなくソと発音するはずである。要するに、この二つの文書の書き方は、あたかも仮名の活字だけで濁点や句読点もなしにつづられた文と似た様相を呈している。左に、それぞれの全文を行割りをそのままに示し、その下に一般に行われている解釈を示す（杉村俊男氏「奈良朝末期における万葉仮名の社会的統一性と個人的特殊性」『共立女子短期大学文科紀要』二二　一

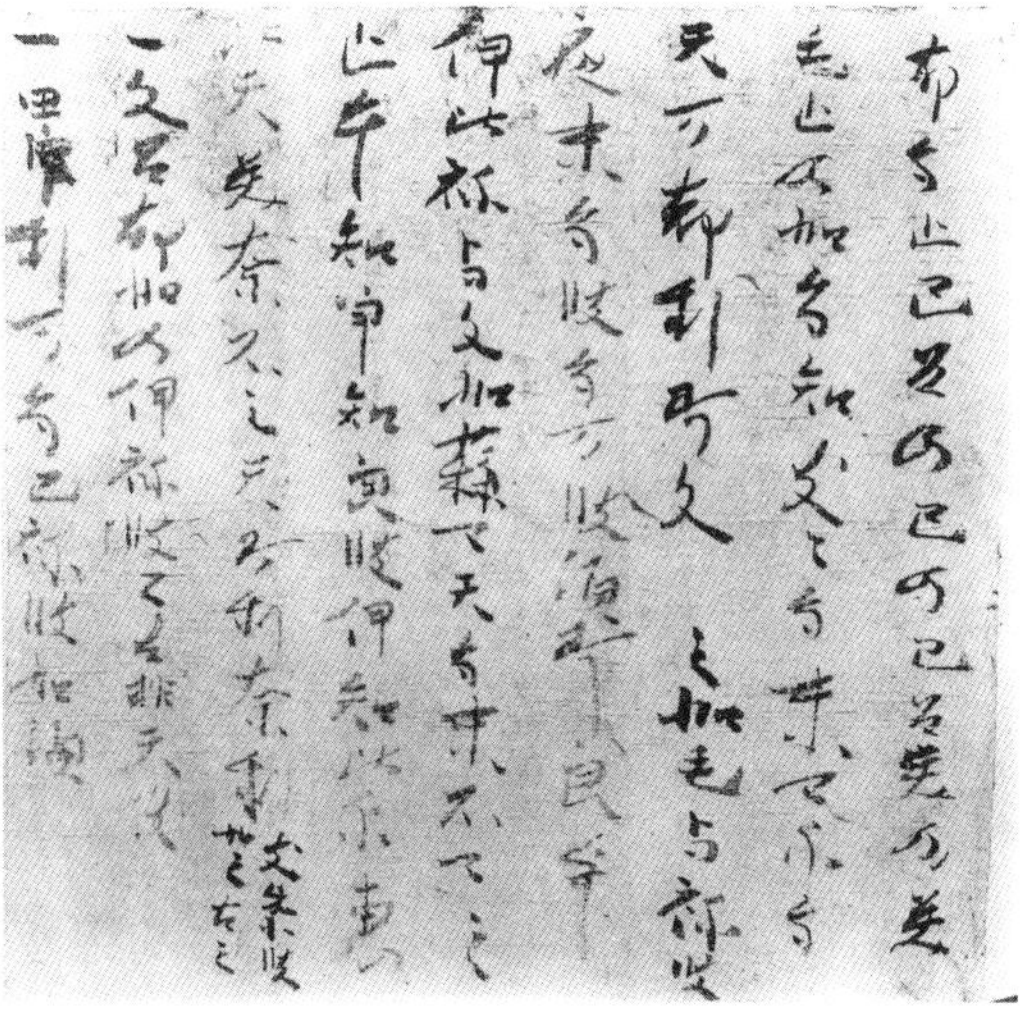

正倉院万葉仮名文書(甲文書)

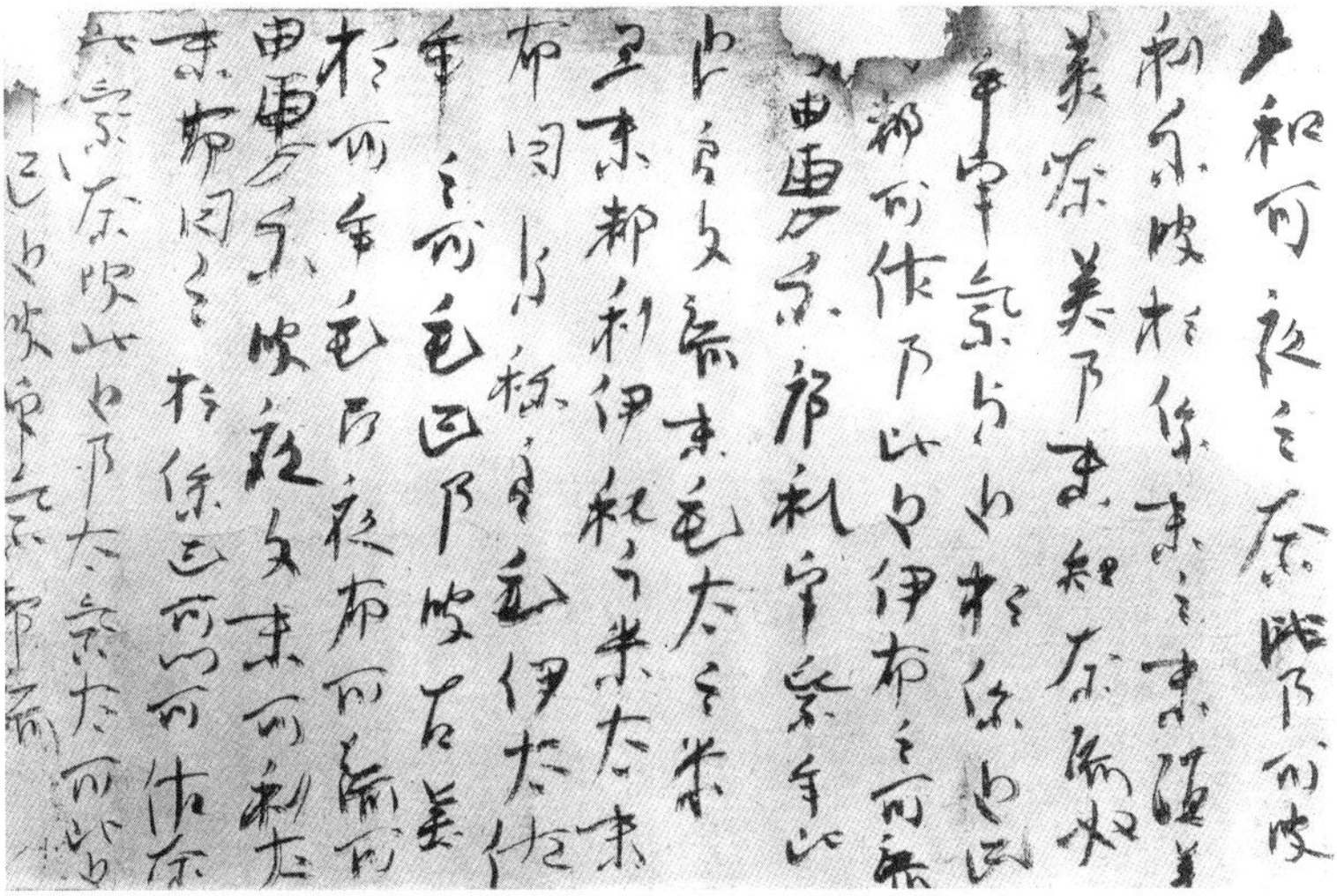

正倉院万葉仮名文書(乙文書)
上・下とも正倉院蔵、『書道全集 9 日本 1 大和・奈良』(平凡社、1965年)より

九七八、二を参考にしたところがある）。

甲文書

布多止己呂乃己乃己呂美レ乃美
毛止乃加多知支々多末へ尓多
天万都利阿久　之加毛与祢波
夜末多波多万波須阿良牟
伊比祢与久加蘇へ天多末不へ之
止乎知宇知良波伊知比尓恵
比天美奈不之天阿利奈利支気波加之古之
一久呂都加乃伊祢波々古非天伎
一田宇利万多古祢波加須

乙文書

和可夜之奈比乃可波

二所のこの頃の御
もとの様子聞き給へにた
てまつり上ぐ。しかも米は
山田は給はずあらむ。
飯ねよく数へて給ふべし。
十市宇知らは櫟（酒）に酔
ひて皆伏してありなり。聞けば畏し。
一、くろ塚の稲は運びてき。
一、田売りまだ来ねば貸す。

我が養ひのかは

利尓波於保末之末須
美奈美乃末知奈流奴
乎宇気与止於保止己
可都可佐乃比止伊布之可流
可由恵尓序礼宇気牟比
止良久流末毛太之米
弖末都利伊礼之米太末
布閇与祢良毛伊太佐
牟之可毛己乃波古美
於可牟毛阿夜布可流可
由恵尓波夜久末可利太
末布閇之於保己可つ可佐奈
比気奈波比止乃太気太可比止
序己止波宇気都流

りには大まします
南の町なる奴
を受けよと大とこ
が司の人言ふ。しかる
がゆゑに其れ受けむひ
とら車持たしめ
て奉り入れしめたま
ふべ（し）。米らも出さ
む。しかもこの箱、見
置かむも危ふかるが
ゆゑに早く罷りた
まふべし。大（と）こが司な
（意味不明）
ぞ事は受けつる。

万葉仮名の字体の変異のもつ機能

二つの文書に用いられている万葉仮名の字体には少しの相違がある。たとえば夕の音節に甲文書は「多」をあて、乙文書は「太」をあてている。しかし、それぞれの文書についてみると、一音節に対して一種類の字体をあてるのが原則である。しかるに、わずかの数、二種類の字体をあてられた音節がある。甲文書は、異なりの数ですべて三八の音節中、キ甲類に「伎」1「支」3、フに「布」1「不」2、マに「末」「万」各3があてられている。これは、無駄なようにみえるかもしれないが、やはり、以下に述べるとおり、文章の表記として有意なのである。

甲文書で一音節に複数の字体があてられたものの使われた位置をみると次のようになる。「布」は文頭にあり「不」は文中にある。「伎」は文末に「支」は文中にある。「末」と「万」はこの順で文中に交互にあらわれる。発音を区別したものではないし、語を区別して書きわけたものではない。このような字体の変異 variation は、単に趣味的に行われたものと解釈されるかもしれない。しかし、左の事実を考えると、そうとは言えなくなる。先に第八章の2で考えたところと同じく、現代の句読法に通じる効果がもたらされているのである。

甲文書の行割りは、よくみると意図的に改行されている。下に示した解釈文と比べれば明らかなとおり、書かれた内容で文末にあたる位置は一箇所を除いて必ず行末であり、例外の一箇所には一字分の空白が施されている。この文書の書き手は、文の切れ・続きと万葉仮名連鎖の切れ・続きとを対応させようと意図しているのである。四行目の字数がやや少なく、五行目の字数がやや多くなっているのも、そのために調整した結果であろう。

行割りが文の切れ・続きに対応していることをふまえて、複数の字体の併用がなぜ行われたかと考えれば、「布」と「伎」は文の始まりと終わりの指標、「末」「万」の交互使用は文章の進行の指標とみなすことができる。つまり、改行と一字空白を句点にたとえれば、「布」と「伎」は文頭の一字下げや文末の後の改行空白に、「末」「万」は読点にたとえられる。

一方、乙文書は、すべて四三の音節にあてられた万葉仮名の字体の中で、複数の字体が使われているのは、ツに「都」三例「つ」一例だけである。この「つ」は単語の表記にかかわっている。十三行目の「つ可佐」に用いられているが、これは五行目の「都可佐」に対して、同じ語の表記の一部を変えたものである。すでに第八章の2の1でふれたが、近接位置で同一語が再出したときにあてる漢字を変えて書く慣習があった。この変え字法は、七、八世紀の日本の文献一般に広く律儀に行われている。たとえば大宝二（七〇二）年度の美濃戸籍の人名にも、同じ「あねづめ」を、出てくる度に変えて「阿尼都賣―姉つ賣―阿尼つ賣―姉都賣―阿尼つ賣」という variation で書いた例（味蜂間郡豊嶋戸《あはちまのこほりとよしま》）がある。難波宮跡から出土した七世紀中頃の「歌木簡」が二〇〇六年十月に公表されたが、その「皮留久佐乃皮斯米之刀斯《はるくさのはしめのとし》」という語句にも連体助詞「の」が、はじめ万葉仮名の「乃」、次に訓よみの「之」で書かれている。この甲文書にあらわれなかったのは偶然に同一語がないからである。変え字法には、漢字の連鎖を区切ってよむための手がかりに関与するものとしないものとがある。乙文書の例は関与しない。釈文と比べて見れば明らかなとおり、乙文書の文字列の切れ・続きは文脈のそれと対応していない。「おほとこがつかさ」は天皇の御膳をつくる役所「大床所」の「司」の訓よみと推定されているが、その「都」を「つ」に変えて書いたのは慣習の遵守にすぎない。意図的に変え字法を行ったのなら「大床」の「と」を落として書いたりしないであろう。（変字法《かえじほう》〈変え字法〉については一三五頁参照）

このように、二つの文書には万葉仮名の連鎖を文意に添って区切ってよませるための配慮に違いがある。甲文書の一行目末尾に字の転倒を直す記号が付けられている。この状態をとりあげて、草稿のようなものと考えるのが一般的なうけとりかたであるが、むしろ、推敲が行われていることが重要であろう。私的な内容の文書であったとしても、不用意に書かれたものではない。一方、乙文書は、字の配置に頓着しないだけでなく、十三行目の「と」のほかにも九行目の「し」の脱字が訂正されていないらしい。六行目の五字目は、先にふれたように「それ」の語頭の位置と推定されるにもかかわらず濁音専用の字体「序」であり、同じ字を末行の助詞「そ」にもあてている。三行目末尾の「奴」はヌの万葉仮名か訓よみの字かわかりにくい。ここにあらわれているのは表記を整える以前の状態であろう。

漢文の様式と日本語の中味

二つの文書の文章は、ともに、その骨格が漢文の手紙の様式になっている。奥村悦三氏の研究によれば、これらの万葉仮名でつづられた文の並べ方は、正倉院に数多く残っている漢文の手紙「解《げ》」の様式に一致するという（「仮名文書の成立以前」『論集日本文学・日本語1　古代』角川書店一九七八、同「仮名文書の成立以前　続」『萬葉』第九十九号一九七八、一一二）。およそ、日本語の散文の文体そのものが漢文の文体を手本としてつくられたと言って良い。第二章に述べたとおり、日本語には文字がなかったので、日本語の書き言葉は、流動する話し言葉を漢文という容器に入れるほかなかった。そのとき、第三章に述べたとおり、日本語と漢字の本来の内容である古典中国語とが溶け合うこともあった。文体についても事情は同じである。むしろ、文体の場合は、日本語を文字で書くという経験がなかったのだから、漢文の様式に依存する度合いが大きくて当然であろう。また、奥村氏は、この二つの文書に万葉仮名で書かれた日本語のなかに、漢文の「解」の様式の影響で、もとの意味用法とは異なって使われているものがあると指摘している。たとえば乙文書の「うく」は「請求」の翻訳であり、請求して受け取る意味なので「こふ」をあてなかったのではないかという。このように、この二つの文書は、文体も用語も当時の役人たちがいかにも書きそうな様相をみせている。

万葉仮名連鎖上の句読法

万葉仮名によって日本語を書く経験は、前章の末尾に述べたように、当時の役人たちにとって日常のことであった。それだけでなく、先に第八章の2でもふれたが、各地から、七、八世紀の歌を書いた木簡がみつかっている。それらは、ほとんどすべてが万葉仮名を使って一字一音式に書かれている。この事実をどのように解釈するか、研究者の間で議論が行われている最中であるが、本書の筆者は、役人たちにとって歌を書くことが業務のうちであったと考えている。当時、

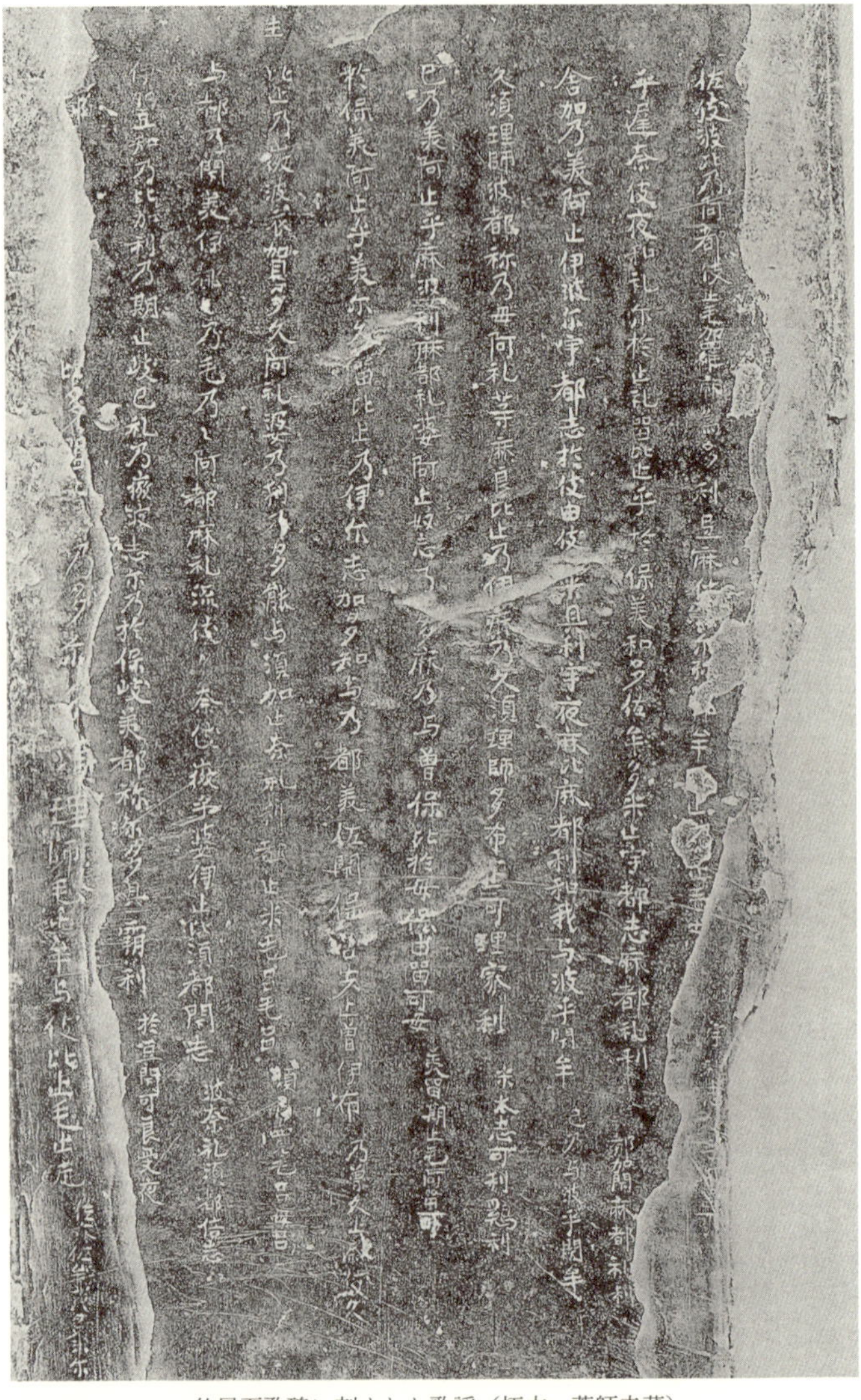

仏足石歌碑に刻まれた歌謡（拓本、薬師寺蔵）

歌は祝いや葬礼の席で口頭でうたうものだった。先にあげた難波宮跡から出土したものをはじめ、二尺程度の大型の木簡に歌を書いたものが数点あり、歌詞がわかるように書いて典礼の場に持参したものかと推定されている（栄原永遠男氏「木簡としてみた歌木簡」『美夫君志』第七十五号二〇〇七、一一）。これをうけて筆者は、それを清書とすれば、練習のために書く機会があったはずであり、通常の大きさの木簡や木の切れ端に韻文を書いたものは、練習や、私的な用途、たとえば恋文であったと考えている。詳しくは、拙著『木簡から探る和歌の起源』（笠間書院、近刊）をお読みいただきたい。このように、韻文に関しては、ある程度の長さの日本語の文を万葉仮名で書く経験の蓄積があった。その蓄積と、ふだんから書き慣れている漢文の手紙の様式との出会いが、この二つの文書の書き方を可能にしたのである。

甲文書に施された万葉仮名の字体の変異と行割りによる工夫は偶発的なものではない。第八章の2の1に述べたとおり、古事記の歌謡の万葉仮名連鎖に本質的に同じ現象がまとまってあらわれている。「全以音連者、事趣更長」という問題意識を解決するために、変え字法を統制して施し、万葉仮名の連鎖を区切ってよむ手がかりを示そうとしたのであった。この工夫は、おそらく、七世紀以来積み重ねられて、古事記の選録を機会に大成したものであり、その影響は奈良時代の韻文を書いた文献・資料に広くみられる。たとえば奈良薬師寺の仏足石に刻まれている歌謡の第二首と第一五首は次のとおりである。

弥《み》蘇《そ》知《ち》阿《あ》麻《ま》利《り》布《ふ》多《た》都《つ》乃《の》加《か》多《た》知《ち》夜《や》蘇《そ》久《く》佐《さ》等《と》、曽《そ》太《だ》礼《れ》留《る》比《ひ》止《と》乃《の》布《ふ》美《み》志《し》阿《あ》止《と》々《ど》己《こ》呂《ろ》麻《ま》礼《れ》尓《に》母《も》阿《あ》留《る》可《か》毛《も》

久《く》須《す》理《り》師《し》波《は》都《つ》祢《ね》乃《の》母《も》阿《あ》礼《れ》等《ど》、麻《ま》良《ら》比《ひ》止《と》乃《の》伊《い》麻《ま》乃《の》久《く》須《す》理《り》師《し》多《た》布《ふ》止《と》可《か》理《り》家《け》利《り》米《め》太《だ》志《し》可《か》利《り》鶏《け》利《り》

第二首の第一句から第三句は「三十二相八十種と」という歌意である。第一句は六字であるがア行音を含むので字余りにならない。その引用の助詞「と」の位置に「等」があてられている。第一五首は第二句の「常のもあれど」という条件句の接続助詞「ど」に「等」をあてている。この二つの「等」は仏足石歌のなかでは特異字体である。標準的には「止」が使われている。「止」でなく「等」を使ったことは、括弧や読点を施したのと等しいのである。興味深いことに、後者の「等」は、素材としてはト乙類の万葉仮名であるが、ここでは濁音節のドにあてられている。先に第八章で、濁音専用の万葉仮名は発音の濁音を示すよりも句読法の手がかりとして使われたふしがあると述べたが、それはこのような例を根拠にした見解である。その他にも、この二首の万葉仮名には、句読法にかかわっている字体がある。カの万葉仮名の字体「加」「可」の併用は、第二首で通常の大きさの万葉仮名で書かれた部分と小さめに書かれた末句とに別れてあらわれているが、仏足石歌全体に同様の状態である。ミ甲類の万葉仮名「弥」「美」は、文頭と文中に別れる。第一五首の末尾二句では助動詞「かりけり」の表記が変え字になっている。なお、「くすり師」は医者の意であり、固有語と漢語との融合である。

平仮名による文表記へ

こうした工夫は、一字一音式の万葉仮名を主体として、楷書かそれに近い書体で書くときには、ぜひ必要であったろう。それをしないと万葉仮名文書の乙文書のようになる。しかし、草書で書くのなら筆致による分割が可能なので別のみちがひらける。すでに第八章の末尾で述べたが、平安時代以降、平仮名で日本語を書きつづるようになると、単語の頭で墨を継いだり、意味単位が続くところを連綿で書いたり、字の大きさや字配りなどによる仮名連鎖の緩急を施して、区切ってよむ手がかりにすることができた。特異字体や踊り字の統制的な使用がはたしていた機能は、それらで代替される。なお、ここで考えているのは表音文字だけで文を書きあらわす場合であるが、第一章のおわりの方に述べたとおり、単語の頭に漢字をあてて書けば同じ効果がある。古事記の序文の「或一句之中、交用音訓」という方針から発展して、その工夫が行われるようになったのは当然のことであろう。甲文書の「田うり」にその実例があらわれている。

平安時代末期から鎌倉時代初期に活動した歌人・国文学者藤原定家《ふじはらのさだいへ》（一一六二～一二四一）の著述『下官集《げかんしゅう》』は、平仮名で和歌や物語を書くときの作法を説いたものである。定家は、一つの語の途中で筆をとめたり、和歌の句の途中で改行することを禁じて、そのように書いたものは「よみときかたし」と述べている。万葉仮名文書の甲文書に施された句読の手がかりのうち、字体の変異による工夫は、万葉仮名の字形が基本的に楷書を想定していた時代のおわりの光芒である。行割りの工夫は、三百年後に定家が述べたところと同じ考え方に到達している。日本語固有の表音文字、仮名が誕生するときは、すぐそこまで来ていた。

補説　古代の漢字資料としての出土物

この章は、本書の補説として、漢字が飼い慣らされた過程を考察する上で用いるべき資料と研究方法について述べる。木簡をはじめとする出土物に墨や線刻で文字を書いたものがあり、手続きをふめば言語資料になる。それらは、古代の現物がそのまま利用できる点に価値がある。また、日々の文書行政の場で使い捨てを前提にして書かれたので、日常の言語使用が反映している点にも価値がある。出土物を言語資料として活用することによって、古事記、日本書紀、万葉集の類からとは異なる知見を得ることができ、今後、八世紀以前の日本語の全体像が塗り替えられるであろう。九世紀以降との連続・不連続も一層精密に解明されるであろう。より良質な資料を得て適切にとりあつかうためには、歴史学・考古学との学際を深める必要がある。また、朝鮮半島の出土物との比較が、研究の深化と精密化と発展をもたらす。

1　写本と現物と

記述を私事からはじめて恐縮であるが、趣旨にかかわることである。筆者が一九七一年十二月に東京教育大学（当時）に提出した卒業論文は、その前年の馬渕和夫先生の演習で万葉集の巻五に使われている万葉仮名「摩」は山上憶良の個人的な用字ではないかと報告したのが出発点であった。思いつきを論に育てるために、当然ながら、万葉集の本文校訂にとりくんだ。本文校訂《ほんもんこうてい》とは、写本の類を見比べて原本が書かれた当時の姿を再現しようとする研究である。研究環境は時と場に左右されるところがある。その数年前に塙書房から信頼性の高い万葉集のテクストが提供されていたので、『校本《こうほん》万葉集』（岩波書店一九三一。現在は一九七九年刊行の新増補版が利用できる）によって、諸注釈をたよりに歌意を確認しながら本文を吟味することができた。幸い在籍した大学には万葉集諸本の複製の多くが所蔵されていた。古事記学会が一九五八年に謄写版刷りで提供した『諸本集成古事記』が学科の図書室にあったので、古事記の状況も調査することができた。

記紀万葉は写本上に存在する

その作業をとおして筆者は万葉集の本文は後人のつくりあげたものであると認識した。八世紀の歌集と言いながら、今私たちの見ている本文はいつの誰の手になるものか。専門の向きには改めて言うまでもないことだが、万葉集や古事記の写本は後世のものである。現存する万葉集の写本は平安時代後期をさかのぼらない。八世紀の後半に万葉集が成立したとすると、二百年ほど後になって書き写したものしか存在しない。古事記に至っては鎌倉時代中期の真福寺本が最古である。七一二年に成立したとすると五百年ほど後のものである。風土記も古い写本に恵まれない。日本書紀は平安時代初期の田中本が存在するが、全巻そろいの写本は時代が下がる。「上代の資料」と言いながら、はたして私たちの見る字面はいつの誰のものであるのか。さらに古い「推古《すいこ》朝遺文《ちょういぶん》」と呼ばれる一群の「七世紀の資料」があるが、そのなかには現物が失われて鎌倉時代の写本にしか字面が残っていないものも含まれている。それを七世紀の資料とみなして良いのだろうか。

同時に、諸写本の本文を見比べると同じ箇所に字面の異同があり、容易にこれが原態であったと確定できない経験を重ねた。原態を確定し難い理由は右に述べたように写本が後世のものだからであるが、それだけではない。たとえば、ある歌の同じ箇所が写本によって「摩」になっていたり「麻」になっていたりして原態の推定が決まらないところがある。万葉集を書写した古代人のなかに「摩」と「麻」を同じと認識した人が少なくなかったのであろう。「摩」と「麻」は違う字だが、万葉仮名として使われるときは同じマという発音をあらわす点で同じである。その限りでは同じ字とみなし得るのか。このような、文字の本質に関する理論的考察の必要性を認識した。本書はその問題意識を全面的に展開したものだとも言える。「摩」と「麻」について本書で述べたところから説明すると、中国の漢字としても日本の漢字としても表語文字としては別の字だが、「飼い慣らされて」日本語の表音文字として使うときは、マという発音の表音価値で同じ字であり、しかも、「全以音連者事趣更長」という問題意識によって、万葉仮名連鎖の句読法上で異なる価値を与えられることがあった、ということになる。

日本語史の研究史上、一九六〇〜七〇年代には、上代特殊仮名遣《じょうだいとくしゅかなづか》いに関する音韻論的な研究が盛んであった。上代特殊仮名遣いとは、奈良時代には母音に八つの区別があって、それが万葉仮名の字体の使い分けに反映している現象である。たとえば「子」のコは「古」「故」などの万葉仮名をあてて書かれていて、「此」のコは「己」「許」などの万葉仮名をあてて書かれていて、用字が混同することはない。「古」「故」の類は中国の漢字として母音が同じである。「己」「許」の類も母音が同じである。そして、「古」「故」の類と「己」「許」の類は中国の漢字として母音が異なる。ということは「古」「故」を使って書かれたコと「己」「許」を使って書かれたコとは母音が異なる。つまり、平安時代なら同じコという発音が、当時はコ甲類、コ乙類の二つに区別して発音されていたのである。この現象を論ずるのが一つの潮流であり、美しい体系を描いた論考がいくつも発表された。また、漢字や万葉仮名を用いて日本語を書きあらわす方法に関しても、「国語表記史」あるいは万葉集作家個人の「用字法研究」が盛んに行われた。それらに自身も参加しながら、砂上の楼閣の思いが筆者の念頭を去らなかった。

一次資料としての正倉院文書と金石文

いきおい筆者の関心は古代語を反映する一次資料を求める方向にむかった。まず利用できたのは『大日本古文書《だいにほんこもんじょ》』（「編年一」は冨山房一九〇一。復刻版は東京大学出版会一九八二）におさめられた正《しょう》倉院文書《そういんもんじょ》である。実のところ、『大日本古文書』も研究者が校訂を施して活字化したものであって、万葉集の本文校訂と本質的に同じ危うさをもっている。原文の字をどの字体として認識し、それをどの活字であらわすかは、編者の学識にかかっている。断片をどのようにつないで文書として把握するかも学識にかかる。たとえば筑前《ちくぜん》国戸籍川辺《かわべ》里の「肥君猪手《ひのきみのゐで》」の家族は、『大日本古文書』では断片に分かれて記載され、『寧楽遺文《ならいぶん》』（東京堂出版一九六五）で正しく一つながりに復原した形が公刊された。とはいえ、当時の現物があるのだから、記紀万葉の類に比べれば書かれた当時の姿に近付くことが格段に容易である。八木書店から『正倉院古文書影印集成』が提供されて（第二冊は一九九〇）研究環境がさらに良くなった。その一方、『大日本古文書』におさめられた当時には所在の明らかだった原文が行方不明になったり焼失したりしているが、部分的な問題にすぎない。

正倉院文書を文字資料として利用した研究はかねてからあった。その初期の研究では春日政治氏の『仮名発達史序説』（岩波講座日本文学第二十回配本一九三三。現在は同氏著作集に収録）が白眉である。とくに大宝二年度（七〇二）の美濃国戸籍の人名に「牟」を略した「ム」、平仮名・片仮名と似た字形の「つ」が表音用法で使われているとの指摘は筆者の関心を強く引いた。平仮名・片仮名の字源のなかに万葉集に使われていないものがあるのはなぜかという問題意識をもっていたからである。この「ム」も「つ」も万葉集には出てこない。「と」「ト」は万葉仮名「止」が字源であるが、やはり万葉集には出てこない。戸籍・計帳の人名に使われた漢字は、記紀万葉の類とは異なる層の使用を示し、平安時代以降の仮名につながる様相をみせる。本書の第九章に述べたとおりである。ただ、正倉院文書は、多くが政治経済に関する内容であり、その文献としての性格上、日本語の文の考察には利用し難い。

他の一次資料として金石文《きんせきぶん》がある。金石文とは、石碑や鏡、刀剣、仏像などの金属製品の類に書かれた文字の総称である。法隆寺の『薬師仏造像銘《やくしぶつぞうぞうめい》』が変体漢文の代表として取り上げられるのをはじめ、従来から日本語史の有力な資料として利用されている。本書の第十章で取り上げた奈良薬師寺の『仏足石歌碑《ぶっそくせきかひ》』も貴重な一次資料である。ただし、それらは仏教関係の銘文という性格を常に考慮する必要がある。また、金石文はそれぞれが孤立していて、万葉集の歌たちのように群として把握した研究はできない。所蔵寺院の来歴や出土遺跡の性格、作成された事情、文中の字句などの徴証をつなぎ合わせて、歴史のなかに位置付ける手がかりを得るほかない。今日では、他の出土物や朝鮮半島の金石文と見比べることにより、文字資料、言語資料として利用する方途が拡大したが、一九七〇年代には研究環境が充分に整えられていなかった。さらに、一次資料とは言え、後に実例をあげるように、現物があっても文字の読み取りそのものに研究を要するところがあることを指摘しておかなくてはならない。

出土物は一次資料である

一次資料として筆者が将来性をおぼえたのが木簡である。一九七〇年当時にはまだ数百点しか公表されていなかったが、続々と出土する見込みがあった。短冊型の形状のものは文書として、下端をとがらせたり上端に切り込みのあるものは物品の付け札として使われ、人や物とともに運ばれて通知や伝票の機能を果たしていた。現代の電子メールに酷似する性格の通信媒体である。簡潔を旨として書かれた省略文であることを忘れないようにしなくてはならないが、日常の業務に用いられた分、正倉院文書や金石文より日常ふだんに近い様相を示している可能性が期待された。たとえば第九章末尾で述べたように、人名要素「まろ」が戸籍では「麻呂」と書かれるところ、木簡では「万呂」「末呂」と書かれているときがある。「万」は片仮名「マ」の、「末」は平仮名「ま」の字源である。

木簡は一九六一年の平城宮からの出土以来、歴史資料として重視されていたが、ちょうど筆者が卒業論文を書こうとした頃、日本語史の資料として利用される時が到来しつつあった。その途をひらいたのは阪倉篤義氏の「国語史資料としての木簡」（『国語学』第七十六集、一九六九・三）である。形容詞「同じ」の語形「おやじ」「おなじ」について、従来は前者が古語かとみられていたのに対して、木簡上の出現をもって同時代の使用層の差とみなしたものである。この論考は筆者の認識では上代語の研究全般の景観を変える意義があった。時代的な変化にそった把握だけでなく同時代の層的な把握が可能かつ必要になったのである。この阪倉氏の論述当時には、本書の第八章2の3で取り上げた「森《もり》ノ《の》内《うち》遺跡木簡」のような日本語の構文を顕示したものが出土していなかったので、木簡を文法資料として利用する方法は考え難かったが、語彙と音韻、表記の研究には利用されるようになった。少数ではあるが日本語の韻文を書いた木簡もあったので、文学の研究者たちも万葉集を研究するための「補助資料」として利用できるのではないかと期待した。木簡の他に、土器や瓦に墨書したり線刻したものもある。それらの出土物が古代日本語の資料としてあらたな一群をなしていくであろうと筆者は予想した。

前節からここまでの記述で明らかなとおり、木簡を中心とする出土物は、写本でなく当時の現物である点に大きな価値をもつ。石碑や仏像の銘文などにも作成された当時のまま現物が残っているものがあるが、木簡は大量に出土する点で比類がない。阪倉氏の論述当時の「木簡」とは八世紀の平城京木簡とほぼ同義であったが、現在では七世紀のもの、九世紀以降のものが、全国から出土している。木簡は、他の様々な遺物と伴って出土するので、遺跡全体の状況から多くの言語情報が得られる。年紀が書かれていなくても幸運なときは数年の幅で作成された年代が推定できるし、用途や作成事情を推定できるときがある。漢字で書かれた内容も、今日ではさまざまな文体のものが出土して、語彙や音韻、表記に関する研究だけでなく多くの分野で活用が可能である。実のところ、後の節に述べるような危うい点が多々あるのだが、注意すれば克服できる。今後、八世紀以前の日本語の研究は、出土物から得られる知見を抜きにしては偏端なものとなるであろう。記紀万葉の類も、出土物と見比べる手続きを経て、今までより精密に理解されることになるはずである。

2　文字資料、言語資料としての性格

以下、古代日本語の資料として出土物がどのように有用であるか、どのような出土物が利用でき、利用するにはどのような手続きが必要か、どのような問題がともなうか、例をあげて述べる。

日常語の反映

かつて、訓点研究の進展によって平安時代語の全体像を和歌・物語・日記の類から得られる知見だけでは正しく把握することができなくなった。訓点《くんてん》とは漢文を日本語の文に読み下すために書き込まれた補助記号やふりがな、送り仮名の類である。その後には古記録《こきろく》の研究がさらに別の様相を提供した。古記録とは、変体漢文で書かれた寺院の記録や公家の日記を総称して言う。遠藤嘉基氏の『訓点資料と訓点語の研究』（弘文堂一九五二）の第三章「資料の価値について」に次の記述がある。「ある時代の、たとえば平安朝の語法を考えるにあたっても、それが確実な資料に基づかない以上は、何ら語る資格がないのである。……（物語、日記類の）時代語の反映ありと認められる原本を基にして、いったい、どのていどまでに信用しうるものであるか。……しかるに訓点資料は逆で、古いところでは今から一千年前の原本がそのまま残っている点に強みがある。」和歌・物語・日記を記紀万葉に、訓点資料を木簡を中心とする出土物に置き換えると、ほぼ同じ構図で理解できる。

遠藤氏の著に次の記述もある。「次に、この資料の高く買われるのは、訓点語が口語であったと推定されることである。……講義筆記である以上、まずは口語に近かったとみてよかろうか。」この訓点語の性格も、記紀万葉語と比べたときの、出土物に反映した言語（「木簡語」とでも呼ぼうか）にあてはまる。訓点は僧侶や学者たちの漢文学習の場のもの、木簡や墨書土器は役人たちの日頃の行政の場のものであって、言語の使用者も使用された言語の性格もおのずと異なる。しかし、「晴《はれ》」と「褻《け》」との対立、文学語と日常語との対立という構図には、おおまかに言うかぎりおさまるであろう。

念のため一言しておく。「口語」「口頭語」などの概念の定義とその異同には、厳密に考えると、極めて難しい問題がある。文献言語史の一方で「音声文法」(『文法と音声』くろしお出版一九九七の「編集言」参照)にとりくんでいる筆者は、口頭で話す言葉は文の構造をなしているとは限らず、句のつらなりにすぎない場合が多いと認識している。「口語体」なるものは実は書き言葉の一種なのである。それゆえ「口語であった」「口語に近い」という記述がすでに問題を含むことになるが、ここではその議論に立ち入らない。以下、木簡や土器墨書は使い捨てを前提として書かれたので、そこに反映している言語は、記紀万葉の類に比べれば、日常に話されていた言葉に近いものであったろう、とのおおまかな仮設のもとに論述する。それゆえ「口語」ではなく「日常語」という用語を使う。

平安時代の訓点語と和文(特有)語との語彙的対立という問題がある。平安時代の同一ないし類義の意味範疇において、文体によって使われる語彙が全く異なるときがある。たとえば、漢文を訓読した文やその影響の濃い文体では「はなはだ疲れたり」と言うところを物語や日記の文体では「いたく困《かう》じにけり」と言う。「はなはだ―いたく」「つかる―かうず」の対立が認められるわけであり、もし「いたくつかれたり」と言うと文法にかなっていないことになる。そして、古代語と現代語とを見わたしたとき、訓点語と和文語のいずれが後世へ残ったかという興味深い問題がある。おおまかに言えば、訓点語の方が残存したときは、和文語が文体に特徴的なものであって訓点語が日常語を反映していたとの理解が可能である。逆に和文語の方が残存したときは訓点語が漢字・漢文に即した翻訳的な語彙であったと理解できる。同様の現象が記紀万葉の語彙・語法と出土物に反映したそれとの間にもみられる。

平安時代語との連続面

とくに筆者が注目しているのは、出土物上の言語現象と、記紀万葉語との不連続、平安時代語との連続である。たとえば東野治之氏、毛利正守氏との共同研究によって明らかになった択一の語法がそうである。詳しくは拙著『木簡による日本語書記史』（笠間書院二〇〇五）第三章の一・を参照されたいが、長屋王家木簡にあらわれる字句「一々物」は「いずれか一つ」の意に解される。この択一の語法の用例は記紀万葉の類になく、平安時代の物語と和歌にわたってあらわれる。たとえば竹取物語の「思ひ定めてひとりひとりにあひ奉り給ひね」は、翁がかぐや姫に貴公子たちのうち誰か一人を選んで結婚せよと言っている。和文語と平安時代の日常語との関係は、右に述べたように、ひと口に言えないところがあるが、この語法の用例に特定の文体あるいは言語使用者の特徴であったとみなすべき徴証はない。八世紀にも木簡に反映するような日常語には平安時代と同じ語法が存在し、記紀万葉の言語には反映しなかったのである。なお、長屋王家木簡の用例の解釈について佐野宏氏が異論を示しているが、議論の枠組み全体をわきまえず「阿礼」という二字のみの解釈にこだわった視野狭窄な見解である。

本筋に戻ろう。奈良時代語と平安時代語との不連続は、日本語史上の課題の一つとみなされている。およそ言語は歴史的に変化するから連続しないのは当然だが、それだけでは説明できないところがあるとの趣旨から、文体的性格の相違や方言差あるいは遷都にともなう物的消失など種々の要因を取り上げて議論がなされている。現在も、たとえば万葉集中に訓点語と一致するものがみられるという認識の是非、のような形で議論が続いている。一九六〇年代までは、出土物が利用できなかったので、八世紀の記紀万葉を見た目で十世紀以降の和歌・物語・日記をながめると、その間に位置する九世紀は、日本語資料の欠乏を感じさせた。国文学史で言うところの国風暗黒《こくふうあんこく》時代《じだい》である。今後は、出土物で空隙を埋めながら、文献の性格、使用層・言語層などに即して、八世紀以前のどこと十世紀のどことが連続なのか不連続なのか、より精密にとらえる途がひらけていくであろう。

すでに拙稿「木簡にあらわれた已然形単独の条件表現」(『萬葉』第百九十六号、二〇〇六・十一)で「死に至りて在《あ》れ、畏《かしこ》き公《きみ》に仕《つか》へ奉らず（死にそうなので、主君に御奉仕できません）」という例が九世紀初頭に存在したことを報告した。奈良県香芝市下田東遺跡《かしばししもだひがし》から出土した廃材に書かれた上申書草案である。詳細は拙稿を参照されたいが、平安時代の文法なら「在れば」と動詞已然形に接続助詞「ば」を添えて順接確定条件をあらわすところ、八世紀には動詞已然形単独でその表現をしている用例がある。従来、これは上代語独特の文法、それも韻文に特徴的な文法とみられてきたが、平安時代初期に、韻文以外にも存在したことが確認できたのである。動詞の活用形の機能と条件表現の歴史を考える上で、新しい材料が一つ加わったことになる。

3　出土資料の取り扱い方と学際の必要性

第一節の末尾に述べたとおり、出土物は一次資料である点に価値を持つが、現物を研究の資料として使う手続きには、やはり人の手が入る。その点では、記紀万葉の本文を何百年も後の写本から再建する手続きと本質的に同じところがある。その際、どのような問題がどのように克服されるか、ここで述べておきたい。

出土物の本文釈読そのものが解釈である

前節にあげた下田東遺跡の出土資料は、当該の箇所が「至死在礼」のように活字化される形に書かれている。「礼」の位置をラ変動詞已然形語尾とみなすのであるが、この後に接続助詞「ば」を補って「あれば」と読むものとみて通常の已然形確定条件法の例にすぎないとの議論もあり得る。しかし、この木簡は、書かれた全文のうちこの前後の文字列だけが宣命体小字書きになっている。宣命体小字《せんみょうたいしょうじ》書《か》きとは、名詞や動詞の語幹などの自立語を大きい漢字で書き、活用語尾や助詞や助動詞などの付属語を小さい漢字で右に寄せて書く表記のスタイルのことである。この例は「あり」の活用語尾の「れ」が小字右寄せされている。もしも接続助詞を添えてよませる意図なら「在者」の形をとるはずだと推定した。この論証の仕方は、煎じ詰めれば経験則に依存した解釈である。

この例に関して筆者の見解はゆるがないが、新聞や書物に出土物上の文字列が提供されるとき、これと同じ手続きをふんでいること、言い換えれば、活字化して提供されるもの自体が解釈の産物であることを強調したい。現物上の字をどの字体であるか認定する作業を「釈読《しやくどく》」と呼び、その結果を活字化したものを「釈文《しやくもん》」と呼ぶ。釈読の質は担当者の学識にかかるが、経験則の反映を避けられない。しかも、活字になおす過程で現物のもつ多くの言語情報が剝離してしまう。たとえば、木簡に書かれた文字を観察すると、意味のつながりと筆のつながりが一致していることが多い。必ずそのようになるわけではないが、文意が続くところを一筆に書き、文が切れるところで筆に墨を付ける傾向が認められる。字の大小も書かれている意味内容と対応しているように見える。木簡学会が提供する木簡データベースの恩恵は計り知れないが、もとの字面の再現には限界がある。提供された活字でものを考えないように心がけよう。幸い映像技術と通信技術の発達によって少なくとも写真にふれることが可能な場合が多い。

解釈の手だてが増加したことによって金石文の釈読が飛躍的にすすんだ幸運な例を紹介しよう。『江田船山《えだふなやま》古墳出土太刀銘』は、以前から知られた資料であるが、書かれた文字列の釈読も作成年代も確かな推定ができなかった。しかるに、一九六八年に埼玉県行田市の稲荷山《いなりやま》古墳から出土した鉄剣に一九七八年の調査で金ではめ込まれた銘文が発見された。そのなかに第三章であげた「獲加多支鹵大王《わかたけるおおきみ》」という字句がある。これと見比べて、この太刀銘の冒頭「治天下」の後の五字は「獲□□□鹵」で雄略天皇の名「わかたける」が書かれていると判明した。従って作成年代も五世紀末と考えられるようになった。さらに、「典曹人」という語句が書かれているが、これはこの太刀銘に限った用語でなく五世紀の朝廷の官職名であった可能性が出てきた。冒頭の「治天下」という字句、『稲荷山古墳出土鉄剣銘』にある「杖刀人」、そして、朝鮮半島の六世紀の碑文の「書写人」「立石碑人」「文作人」と照らし合わせることによって、その解釈が可能になる（李成市「古代朝鮮の文字文化」『古代日本　文字のある風景』国立歴史民俗博物館二〇〇二〈朝日新聞社発行〉など参照）。

歴史学・考古学との学際から得られるもの

日本語の歴史の研究には歴史学や考古学との学際が必要かつ有効である。出土物をあつかうとき、日本語や日本文学の研究者がとくに心がけなくてはならないのは、書かれた文字、それも活字化された釈文だけを見て、ものを考えがちな傾向である。出土物は、そのもの全体が言語情報をもっている。たとえば平川南氏は、木簡の中でもとくに大型のものは、その大きさが用途に関わっていると指摘する（「古代地方社会と文字」『美夫君志』第六十九號二〇〇四・十一）。過所木簡《かしょもっかん》（通行証）や郡符木簡《ぐんぷもっかん》（郡役所からの下達文書）の類に通常の木簡の二倍の二尺の長さのものがあり、大きさが権威の象徴になっていたという。最近話題の「歌木簡」も二尺の規格であるから、権威に関わる機能をもたされていたと考えて良いが、日本語の韻文を書いた木簡については、第十章でふれたとおり本書と別の著書を筆者は刊行準備中なので、ここではこれ以上述べない。その趣旨は付録にかかげた新聞記事を参照されたい。また、石川県加茂遺跡から出土した牓示札《ぼうじさつ》は律令の精神に則って百姓に日々の心得を説いた文章が書かれているが、平川氏は、その全体の大きさと字の小ささから、官吏が字の読めない一般人に朗読して聞かせたと推定している（「牓示札」『古代地方木簡の研究』吉川弘文館二〇〇三）。約一尺×二尺の横板に三百数十字が細かく書かれているのである。さらに、前にも指摘したが、出土物の真価は書かれた文字列を遺跡全体のなかに位置付けて考察できる点にある。先にあげた下田東遺跡の木製品上の文字列も、当地が馬の生産地であること、同資料には他に稲の播種が記録されていること（この当時すでに計画的な栽培と品種改良が行われていたとして二〇〇七年五月一日に新聞報道された）、容器の廃材に書かれていることなどを状況証拠にして、役所の日常の業務に関わる内容として解釈できるのである。

歴史学と日本語の歴史の研究との学際によって木簡を解読した例を一つ紹介しよう。平城京木簡の一つに「国勝列一人凡至古志列一人辛人府生悪閇◇一人正身」と書かれたものがある。「国勝の列一人、凡至。……」のように読み、何かの業務に「列（班）」から一人ずつ参加した記録である。「国《くに》の勝《すぐり》」という人が代表になっている班からは一人が参加する。名は「凡至《おほしのいたる》」だということである。これについて筆者と鈴木喬氏による共著論文（「人名「あしへ」をめぐって」『萬葉』第百九十一号二〇〇五・十一）は、「悪閇《あしへ》」が食器の意の人名であることを明らかにして、従来の見解を訂正した。一方、知識の不足も露呈した。右の釈文の◇の位置は「于」とも「干」とも解し得る字形である。これを「于」とみて「於」に通ずる助詞の用法ではないかと推測し、人の位置するところを指す格助詞「に」が当時から存在した可能性をさぐった。「帝には御機嫌うるはしく」のように一種の尊敬の用法で用いる助詞である。そのとき、「府生《ふしょう》」を下級幹部の地位と考えて、「古志《こし》」の「列」から参加したのは「辛人《からひと》」であり、「府生（である）悪閇」が「正身＝自身」で統括者として参加した事情を想定したのであった。その「悪閇」に対する敬意を「に」で表現した例ではないかということである。これに対して奈良文化財研究所の山本崇氏が「辛人府生」をひと続きによむべきではないかと指摘された。「凡至」「辛人」「府生」は小さい字で右寄せ書きになっているからである。そして、問題の◇の位置の字は「干」とみて「かしはで」によむのが妥当ではないかと同研究所の市大樹氏から教示をうけた。筆者たちは、小字右寄せ書きについては「辛人」と「府生」の間にわずかな隙間が施されていると考えていたが、後者の知識は念頭になかった。それなら、「悪閇」の膳部が他の列から出る二人に同行した文意なのである。「正身」は「干」本人ということになるが、八世紀の「正身《ただみ》」の用法は、平安時代の「さうじみ」と違って敬意を含まないから、それで問題ない。結局、この文字列は「国勝の列一人、凡至。古志の列一人、辛人府生。悪閇の干一人、正身」とよむべきことになり、業務の内容は食事に関することであった可能性が考えられる。

4　朝鮮半島の出土物との比較・対照から見えてくるもの

この二十年程の間に韓国の出土物研究は急速に進展した。従来から知られていた石碑のほかに数点が出土し、その文体の多くが正格の漢文でなく固有語に即して変形していると判明したこと、一九七五年に新羅の旧都の雁鴨池《あなぷち》遺跡から木簡が出土したことが契機である。二〇〇六年秋には韓国木簡学会が設立され、古代の朝鮮半島の文字資料とその書記方法に関する研究が精力的にすすめられている。その成果は日本の研究にも多大の影響を与えるであろう。従来、朝鮮半島の古代の言語資料は、高麗時代の歴史書である『三国史記《さんごくしき》』（一一四五）と『三国遺事《さんごくいじ》』（一二九八頃）に書かれた固有名詞類の他は少数の金石文に限られていた。今後は出土物が有効に利用できるようになる。そしてその結果、列島と半島の書記方法を同時代資料で比べる研究が可能になったのは画期的である。河野六郎先生は早くに「日本における漢字使用は朝鮮半島における実験を前提としている」と述べている（「古事記に於ける漢字使用」『古事記大成3言語文字篇』平凡社一九五七）。しかし従来は同時代資料が欠乏していたために、多くの人が賛成しながら、その課題を実証することができなかった。その条件が得られたのである。ここでその具体例として、万葉仮名と古代の朝鮮半島の表音表記に関する二つのことがらを述べる。

文法が似ていて音韻構造が異なる隣国語

このことを述べるにあたって、半島と列島との言語の音韻構造を説明しておく必要がある。日本語はCV構造《しーぶいこうぞう》を特徴とする。CV構造とは、子音Consonantと母音Vowelとが一つおきに並ぶ発音の仕組みをさす。日本語は、たとえばカ行のカをローマ字で書くとkaになるように、子音一個と母音一個の結合が発音の基本単位になっている。そのため、語や文の発音が必ず母音で終わる。それに対して、中国語は発音が母音で終わることもあるが子音単独で終わっても良い。これを閉音節構造《へいおんせつこうぞう》と呼ぶ。韓国語・朝鮮語も閉音節構造である。その直系の祖先である新羅語も閉音節構造であったらしい。古代の朝鮮半島に高句麗、百済、新羅の三つの大きい国があったが、七世紀の末に新羅が半島全体を統一したのである。高句麗語と百済語についても、新羅語との相違がかねてから議論されているが、言語としては本質的に同じとみて言語層または方言の違いとする考え方が大勢である。文法は、本書の第三章に述べたように、中国語と日本語は大きく異なるが、韓国語・朝鮮語は日本語と似ている。

さて、漢字の音を借りて固有語の発音をあらわす方法は、半島で開発されて列島に伝えられたのではないかと多くの研究者たちが想像している。日本の万葉仮名は古代の朝鮮半島の「吏読《りとう》」「吐《と》」に学んでできたのではないかということである。「吏読」は日本の変体漢文にあたるもので、固有語風にくずれた漢文体である。そのなかに固有語の発音を漢字の音を借りて表音表記した部分がある。「吐」は日本の訓点にあたるもので、漢文を固有語で読み下すために、付属語や活用語尾の表音表記を書き込んだものである。いずれも固有語の発音を漢字の音を借りて書きあらわしている。半島の資料と列島の資料との先後関係と影響関係を慎重に見極めながら実証することが課題になる。

固有語を表記するときの音節末尾子音の処理

万葉仮名に「連合仮名《れんごうがな》」「略音仮名《りやくおんがな》」と呼ばれるものがある。漢字は古典中国語の字であるから、右にも述べたとおり、発音が子音で終わることがある。その子音を子音韻尾《いんび》と呼ぶ。子音韻尾をもつ漢字の音を借りて日本語の語形にあてる万葉仮名の用法が「連合仮名」「略音仮名」である。これらと朝鮮半島の表音表記とのつながりを述べる。なお実証を固めなくてはならないところがあるが、確認できる見通しが生じている。

すでに本書の第五章のはじめに大筋を述べたが、連合仮名にあたる用例は『稲荷山古墳出土鉄剣銘』（四七一）に数ヵ所みられる。たとえば「乎獲居《をわけ》」の「獲」は子音kで終わる字であるが、それが次の「居」の頭子音k-に重ねられている。この方法は朝鮮半島でも古くから行われていた可能性が大きい。一例をあげれば、二〇〇二年に出土した新羅の城山山城《じょうさんさんじょう》木簡は六世紀のものと推定されているが、その荷札のなかに「古阤伊骨利村」という地名を書いた例がある（『韓国の古代木簡』国立昌原文化財研究所二〇〇四の木簡番号二八）。「伊」「骨」「利」はいずれも漢字の音を借りて固有語の語形をあらわすために吏読や吐に頻用された字である。「骨」は中国の漢字音では子音tで終わるが、朝鮮半島の漢字音体系はそれをr（rかlかの問題があるがさておく）で受けとめる。したがって「伊骨利」と書くと「骨」の末音と「利」の頭音とが一致する。つまり日本の連合仮名と同じ方法ということになり、「伊骨利」は固有語のikuri（日本語よみすればイゴリ）のような語形を書きあらわしたものと理解できる。

そして、tをrで受けとめる音韻認識によったときは、日本語のマロに「末呂」をあてる表記も連合仮名ということになる（木下礼仁「日本書紀にみえる百済史料の史料的価値について」『朝鮮学報』第二一、二二合併号、一九六一）。「末」の末音t＝rが「呂」の頭音に一致することになるからである。「麻呂」「万呂」に比べて「末呂」の用例は少ないが、ここに半島と列島の表音方法の交点をみることも不可能でない。

それにしても、「獲」のkも「骨」「末」のrも書きあらわそうとする語を構成する発音の要素との対応上、余剰である。しかも適用範囲が限定される。とくに子音を単独で認識しない日本語には向いていない。たとえば「末呂」と書いてマロとよませるときは、二字の音よみと日本語の二音節との対応のなかでrが余剰であるから、そのrを捨てると、「末」の字体に即してみれば、日本語の音節マとの直接の対応が成り立つ。日本語なまりの発音はローマ字で書くとmarのようになるわけであるが、rを捨ててmaだけにあてれば、すなわち略音仮名の用法になる。これが略音仮名成立の一つの契機であろう。

また筆者は次の例にも注目している。右の城山山城の荷札のなかに「古阤一古利村」と書かれた地名がある（木簡番号三二）。「古」も吏読や吐に頻用された字で「古利」は固有語のkuriのような語形にあたる。問題は「一」であるが、金東昭氏は「一」字にkaのような語形の固有語よみを推定している（〈栗田英二訳〉『韓国語変遷史』明石書店二〇〇三、九〇頁）。『三国史記』巻三四に書かれた新羅の古い地名が「星山」「一利」「里山」そして「加利」と歴史的に書き改められているので、「星」「一利」「里」の固有語よみが「加利《かり》」と同じだったと考えられるからである。それによれば「一古利」はkakuriのような語形になる。しかし、「一」を漢字の音でよむとすれば「伊骨利」と同語形の可能性が生ずる。ただし、「一」も漢字としてはtで終わる字なので、そのt＝rを無視した用法、つまり日本の略音仮名と同じと仮定した場合に、その論理が成り立つ。「一」のtを無視したかに見える例は古来ある。なかでも新羅の真興王のたてた石碑『昌寧《ちゃんにょん》碑』（五六一）に「一伐干」と書かれている官位名が、『三国史記』等に「伊伐飡」と書かれるものと同じであるなら興味深い。「一」と「伊」が同じ発音ということになるからである。

　八世紀の日本列島では、連合仮名の用法は消滅し、よく使われる字体に略音仮名の用法が定着する。CV構造に即して一字が一音と対応する方向に表音体系が整理された結果である。その整備基盤の延長上に平仮名・片仮名が成立する。朝鮮半島の吏読、吐などは、統一新羅時代の表音体系が後まで基本的に保持され、抜本的な変化はハングルの発明を待つことになる。

次に「義字末音添記《ぎじまつおんてんき》」と呼ばれる書記方法について述べる。「体・用言の一つの単語をまず義字で表し、つぎにその語の末音または末音節を、おもに音借字で添記する方法」である（金思燁『古代朝鮮語と日本語』講談社一九七四）。具体的には次のような例である。『三国遺事』には郷歌《きょうか》と呼ばれる古代の歌謡がいくつか収められている。その巻五の「融天師彗星歌」に「城叱」という字句がある。この「叱」は「城」の古い固有語casの末音sにあたる。「叱」の漢字音の頭の子音のみを用いて固有語の語末子音をあらわしているのである。同じ郷歌の「星利」の「利」は「星」の古い固有語kari（金東昭前掲書による。固有語の形をbyariと推定する説によっても原理は同じである）の末音節riに相当する。これらは「城」「星」だけでも固有語のよみが可能であるところ、「叱」「利」で固有語の語尾を明示してよみ方を明瞭に指定した方法である（本文は金富軾〈金思燁訳〉『完訳三国遺事』六興出版一九八〇によった）。もう一例あげれば、『三国遺事』巻三に人名「猒髑」のよみ方を「上訳下不訳」と解説した記事がある。「猒」を「厭う」意の固有語でよみ、その末音節を「髑」の字音で理解してよむことを述べたものである。

この表記方法は『三国史記』の固有名詞と『三国遺事』その他に所収されている郷歌に存在することがわかっているが、古代から行われていた可能性がある。確認のために目下筆者は七世紀以前の出土物上の例をさがしている。というのは、古代の朝鮮半島で行われていたとすると、七世紀の日本の出土物に現存する日本語としては一見不合理な表記方法の由来が説明できるようになるからである。千葉県栄町の龍角寺五斗蒔《ごとまき》瓦窯《がよう》遺跡出土の文字瓦に「赤加」と刻まれた文字がある（中村友一「龍角寺五斗蒔瓦窯跡出土の文字瓦」明治大学『古代学研究所紀要』第3号、二〇〇六など参照）。「赤」「赤加真」「加皮真」「阿加皮」「阿」と刻んだものと群をなしているので、「あかはま」という地名の一部を示した可能性が大きい。この「加」は余剰にみえる。「赤」だけで「あか」と訓よみできるからである。しかし、これを多賀城遺跡出土文字瓦の「上見富」（山路直充「文字瓦の生産」『文字と古代日本3　流通と文字』吉川弘文館二〇〇五）とあわせて考えると、「赤《あか》」の訓よみを指定するために「加」をおくったと解釈できる。「上見冨」は「かみつ富田郡」を省略して表記したもので、「見」は「上」の訓よみ「かみ」の語末のミを指定している。

義字末音添記は「膠《こうちゃく》着的な文法構造を理解し」た「有用な方法」である（鄭光「韓半島における漢字の受容と借字表記の変遷」『日韓漢字・漢文受容に関する国際会議論文集』富山大学人文学部二〇〇三《未公刊》）。「膠着的な文法」とは名詞に助詞を付けて文法的な機能を明示する言語の類型をさす。日本語も韓国語・朝鮮語もその類型の言語に属する。ここで言う「膠着的」は名詞と助詞との関係でなく名詞の中の根幹的な部分と語末の部分を指しているが、この方法が日本語を書きあらわすのにも効果的であったことは想像に難くない。龍角寺と多賀城の文字瓦の例は、朝鮮半島と共通に七世紀まで行われていた義字末音添記の方法が、地方の遺跡に露頭をあらわしたと理解することができる。

しかし、この方法はCV構造に適していないところがある。新羅語は閉音節構造なので、たとえば「城叱」の「叱」は子音sだけを示唆し誤読の危険がなかった。しかし、子音を単独で認識しない日本語では、一字おくると一拍の追加になり、別の語形を表示してしまう危険が大きい。右の「赤加」なら「あか」を指定しようとして「あかか」と誤読される可能性がある。そのため、この方法は八世紀には影を潜めたが、原理そのものは日本語の文法に適しているので、平安時代に別の形をとって復活した。「捨て仮名」と呼ばれる方法である。たとえば「君」だけでも「きみ」と訓よみできるところ、「君ミ」と「ミ」を添記して明示し、「くん」と音よみされることなどを防止する。この方法は「城叱」「猒髑」などと本質的に同じ原理である。万葉仮名は字形が漢字と同じなので誤読の危険にさらされたが、平仮名・片仮名が成立して漢字の字体と視覚上の相違が生じ、名詞の語末の部分をあらわしていることが目で見てわかるようになったのである。さらに後にはこれが「送り仮名」に発展して日本語正書法体系の一つの柱となる。

付録

紫香楽宮跡　万葉歌の木簡発見

一字一音式

出てこないかもしれないと思われていたものが出土した。しかも、注文通りのかたちで、大きなみやげを携えて。「安積山《あさかやま》の歌」を書いた木簡の出現に接した筆者の想いである。

歌句を書いた木簡や墨書土器は今までに数十点出土しているが、万葉集と同じ歌を書いたとみ

解読前の木簡の赤外線写真
「阿佐可夜《あさかや》」が見えている。復元すると、「あさかやまかげさへみゆるやまのゐのあさきこころをわがおもはなくに」という歌句の一部になる。(甲賀市教育委員会提供)

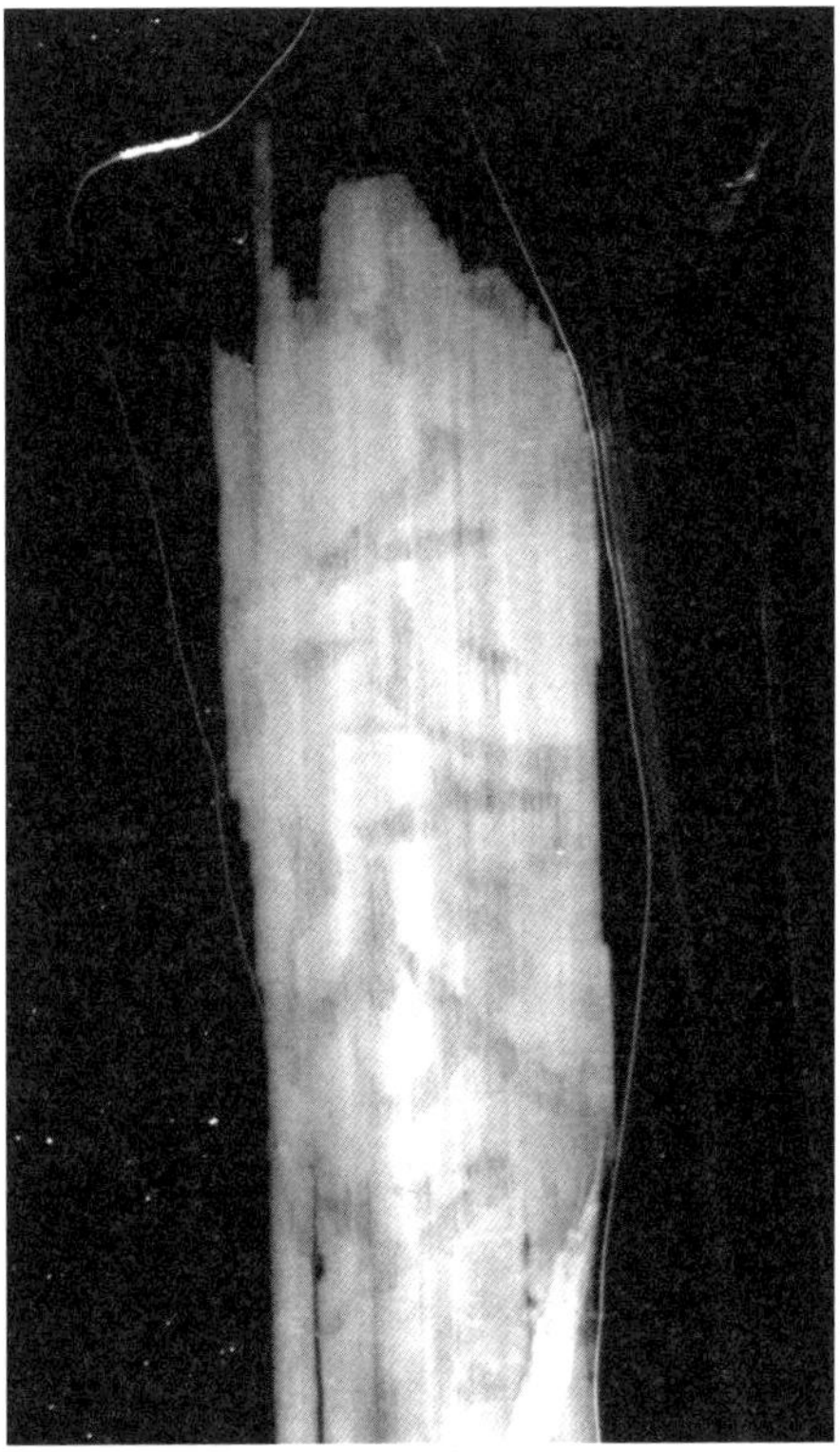

同「奈迩波ツ尓《なにはつに》」が見えている。復元すると、「なにはつにさくやこのはなふゆこもりいまははるべとさくやこのはな」という歌句の一部になる。

なされるものは今回がはじめてである。木簡は現代のメールにあたるような通信媒体である。万葉集という文学の精華は、木簡のような実用のものに書かれた「歌」とは無縁と考える人が多かった。出てこないかもしれないとはそのことである。

それに対して筆者は、木簡に書かれた「歌」は典礼の場で口頭でうたったものであり、万葉集はそれらに取材して歌句と表記に精錬を加えながら編纂《へんさん》されたという考え方を示してきた。この木簡の「安積山の歌」は口頭でうたうのに適した万葉仮名で一字一音式に書かれている。注文通りのかたちでとはそのことである。

「癒しのうた」

「安積山の歌」がいつどのようにしてできたか知るすべはないが、八世紀前半にうたい継がれていた「癒《いや》しのうた」と想像するのがすなおであろう。八世紀の後半、万葉集の編者は、同じ歌句を素材に、葛城王《かづらきのおほきみ》の不興を風流娘子《みやびのをとめ》がこの歌と霊水で慰めた旨の漢文を書き添えて、歌物語にしたてた。

そのとき、歌句の表記には、口頭でうたうのに適した万葉仮名でなく、目で見ても楽しめる漢字の訓よみを主体にした書き方を採用した。たとえば「あさかやま」を「安積山」と書けば充分なところ、わざわざ「安積香山」と書いている。

一昨年には大阪市・難波宮《なにわのみや》から「波留久佐乃《はるくさの》……」と一字一音式に書かれた七世紀半ばの木簡が出土した。栄原永遠男氏（大阪市立大学教授）が、これをはじめとして歌句を書いた木簡のすべてを調査し、日本の木簡に「歌木簡」という様式があったと提唱した。二尺（約六〇センチ）の長さの材の片面一行に「歌」を書き、典礼の席に持参してうたったというのである。この紫香楽宮《しがらきのみや》（滋賀県）木簡の「難波津の歌」を書いた面もその様式にかなっている。こういうものが出土するのは何の不思議もないが、それと表裏に「安積山の歌」が書かれていたのはうれしい驚きであった。

古今和歌集の仮名序や源氏物語の若紫巻などの記事をみると、平安時代には、和歌を学ぶとき、まず「難波津の歌」を書いて書き方、うたい方を習得し、次に「安積山の歌」の歌句を教材として、人と人とが心をかよわせるための言葉遣いの工夫を学んだことがわかる。紫香楽宮跡の「両面歌木簡」は、それが七四〇年代にすでにはじまっていた可能性を示している。万葉集と木簡との関係とあわせて、古代の歌のあり方の歴史が書きかえられるかもしれない。大きなみやげとはそのことである。

この木簡はまず「難波津の歌」を書いて「歌木簡」として典礼で使われ、リサイクル時に材をそいで「安積山の歌」を書き、「歌」の学習に供したのではないかと筆者はみている。

（初出　『讀賣新聞』、二〇〇八年五月二十三日）

あとがき

本書の第七章、第八章、第九章は拙著『上代文字言語の研究』(笠間書院一九九二初版二〇〇五増補版)の第三部、第四部、第二部をもとにしている。主旨を抜き出し、研究状況全体の発展、物的徴証(とくに出土資料)の増加、そして筆者自身の考え方の変化を加えて書き直した。本書の記述中、説明が煩瑣になるのを避けて具体例をすべてあげなかったところがあるが、該書では一九九〇年代に利用できた限りのほとんどの文字資料にふれている。もし全例を知りたいと思う読者は参照されたい。ただし筆者の見解が当時とは異なるところもある。それ以外の章は本書のための書き下ろしである。補説は日本語学会の『日本語の研究』第四巻一号(二〇〇八・一)の特集「資料研究の現在」に掲載された拙稿を書き改めた。この二十年ほどの間に、古代の漢字の研究環境は激変した。木簡をはじめとする出土物が言語資料として使えるようになり、しかも、中国西域や朝鮮半島のものと比較できるようになった。記紀万葉風土記の類で築きあげられた従来の日本語表記史は、根底から見直されつつある。その方面を知りたい読者は拙著『木簡による日本語書記史』(笠間書院二〇〇五)をおよみいただければ幸いである。

こうして漢字の日本語への「飼い慣らし」を煎じ詰めるほどに、日本語が漢字という型によって「鋳直された」側面が筆者には見えてきている。万葉集に反映している言語は、現代なら、一部の知識人が好む、助詞・助動詞と活用語尾以外すべてカタカナ語の文に似ているように思う。河野先生が御存命で、この考えを申し上げたなら、はたして「君らしくちょっとおもしろい」とおっしゃってくださるであろうか。

最後になるが、このような時流とは縁遠い研究に目を留め出版をすすめられた人文書館代表の道川文夫氏に心から謝意を表する。

平成二十年夏　　犬飼　隆

協　力
写真提供　奈良文化財研究所 / 平城宮跡発掘調査部
奈良県橿原考古学研究所
宮内庁正倉院事務所
京都大学人文科学研究所
甲賀市教育委員会
島根県教育委員会
福知山市教育委員会
東京国立博物館
奈良国立博物館

知 恩 院
真 福 寺
薬 師 寺

編　集　道川龍太郎
協　力　青 研 舎

犬飼　隆 ◉いぬかい・たかし

1948（昭和23）年名古屋市生まれ。
東京教育大学大学院文学研究科博士課程単位取得退学。
学習院女子短期大学助教授、神戸大学教授を経て、
現在、愛知県立大学文学部国文学科教授。
文字言語を対象とする理論的・実証的研究に従事し、
古代史・考古学との学際研究をすすめている。
1993（平成５）年、筑波大学より博士（言語学）の学位を授与。

主な著書

『上代文字言語の研究』（笠間書院、1992、2005年に増補版）
『文字・表記探究法』（朝倉書店、2002）
『木簡による日本語書記史』（笠間書院、2005）
『木簡から探る和歌の起源』（笠間書院、2008）

共著

『古代日本の文字世界』（大修館書店、2000）
『美濃国戸籍の総合的研究』（東京堂出版、2003）
『古代日本　文字の来た道』（大修館書店、2005）
『言語と文字』〈列島の古代史６〉（岩波書店、2006）

漢字を飼い慣らす
日本語の文字の成立史

発行　二〇〇八年　九月一〇日　初版第一刷発行
　　　二〇〇八年一二月　一日　初版第二刷発行

著者　犬飼　隆
発行者　道川文夫
発行所　人文書館
〒一五一－〇〇六四
東京都渋谷区上原一丁目四七番五号
電話　〇三－五四五三－二〇〇一（編集）
　　　〇三－五四五三－二〇一一（営業）
電送　〇三－五四五三－二〇〇四
http://www.zinbun-shokan.co.jp
ブックデザイン　鈴木一誌＋松村美由起
印刷・製本　信毎書籍印刷株式会社

ISBN 978-4-903174-18-1
Printed in Japan

人文書館の本

*日本近代の「みち」とは何であったのか。

近代日本の歩んだ道 ―「大国主義」から「小国主義」へ

田中 彰 著

日本は大国をめざして戦争に敗れた六〇余年前の教訓から「小国主義」の日本国憲法をつくることによって再生を誓った。中江兆民、石橋湛山など小国主義の歴史的伏流を辿りながら、近・現代日本の歴史を再認識し、日本人のアイデンティティを考える。いったい、私たちは何処へ向かうべきなのか。

A5変形判二六四頁 定価一八九〇円

*風土・記憶・人間。エコツアーとは何か。

文明としてのツーリズム ―歩く・見る・聞く、そして考える

神崎宣武 編著

他の土（くに）の光を観ることは、ひとつの文明である。［民族大遊動の時代］の［生態観光］［遺産観光］［持続可能な観光］を指標に、［物見遊山］の文化と文明を考える。第一線の文化人類学者と社会学者、民俗学者によるツーリズム・スタディーズ、旅の宇宙誌！

〈執筆〉石森秀三（北海道大学観光学高等研究センター長）高田公理（佛教大学教授）山本志乃（旅の文化研究所研究員）

A5変形判三〇四頁 定価二一〇〇円

*今ここに生きて在ること。

第十六回南方熊楠賞受賞

木が人になり、人が木になる。―アニミズムと今日

岩田慶治 著

自然に融けこむ精霊や樹木崇拝の信仰など、民族文化の多様な姿を通して、東洋的世界における人間の営為を捉え直し、人間の存在そのものを問いつめ、そこから人生の奥深い意味を汲み取ろうとする。自然の万物、森羅万象の中から、根源的な宗教感覚を、現代に蘇らせる、独創的思想家の卓抜な論理と絶妙な修辞！

A5変形判二六四頁 定価二三一〇円

*人間が弛援し続ける不気味な時代を、どう生きるのか。

私は、こう考えるのだが。―言語社会学者の意見と実践

鈴木孝夫 著

昏迷する世界情勢。閉塞した時代が続く日本。私たちにとって、〈いま・ここ〉とは何か。同時代をどのように洞察して、如何にすべきなのか。人生を正しく観、それを正しく表現するために、「言葉の力」を取り戻す！　ときに裏がえしにした常識と主張を込めて。言語学の先覚者による明晰な文化意味論！

四六判上製二〇四頁 定価一八九〇円

人文書館の本

＊人間の尊厳をもって、生きるということ。

花に逢はん［改訂新版］　伊波敏男 著

過酷な病気の障壁と無慙な運命を打ち破ったハンセン病回復者が、信念をもって差別や偏見と闘い、自らの半生を綴った感動の記録。人間の「尊厳」を剥ぎ取ってしまった、この国の過去を克服し、共に今を生きることの無限の可能性を示唆する、伊波文学の記念碑的作品。他人の痛みを感じる心と助け合う心。

第十八回沖縄タイムス出版文化賞受賞作品

四六判上製三七六頁　定価二九四〇円

＊幽け此の人生／人間の連を求めて。

ゆうなの花の季と　伊波敏男 著

生命の花、勇気の花。流された涙の彼方に。その花筐《はながたみ》の内の一輪一弁にたくわえる人生の無念。沈黙の果てに吐き出す小さき者の声。偏見と差別は、人間としての尊厳を奪い去る。苦悩を生きる人びとが救われるのは、いつの日か。

四六判上製三〇八頁　定価二七三〇円

＊明治維新、昭和初年、そしていま。

国家と個人 ―島崎藤村『夜明け前』と現代　相馬正一 著

国家とは何か。人間の尊厳とは何なのか。狂乱の時代を凝視しながら、最後まで己れ自身を偽らずに生きた島崎藤村の壮大な叙事詩的世界を読み解く！日本の〈近代〉とは、いったい何であったのか。

四六判上製二二四頁　定価二六二五円

＊イノチガケ、永遠の安吾の［人と文学］

坂口安吾　戦後を駆け抜けた男　相馬正一 著

物狂いする不安な時代、殺伐とした異様な時代を、どう生きるのか。生きよ堕ちよ、絶対の孤独に。坂口安吾は文学のふるさと、人間のふるさとである。太宰治研究の第一人者による、待望の長篇評論集！

四六判上製四五六頁　定価四〇九五円